书山有路勤为径，优质资源伴你行

注册世纪波学院会员，享精品图书增值服务

新解决方案销售

（第2版）（修订版）

The New Solution Selling, 2e

［美］基斯·M. 依迪斯 (Keith M.Eades) 著

武宝权 译

电子工业出版社
Publishing House of Electronics Industry
北京·BEIJING

Keith M. Eades: The New Solution Selling, 2e
978-0-07-143539-0

版权贸易合同登记号　图字：01-2013-6970

图书在版编目（CIP）数据

新解决方案销售：第 2 版（修订版）/（美）基斯·M.依迪斯（Keith M.Eades）著；武宝权译. —北京：电子工业出版社，2019.6
书名原文：The New Solution Selling,2e
ISBN 978-7-121-36630-7

Ⅰ. ①新… Ⅱ. ①基… ②武… Ⅲ. ①销售学 Ⅳ.①F713.3

中国版本图书馆 CIP 数据核字(2019)第 100372 号

责任编辑：刘露明
文字编辑：卢小雷
印　　刷：三河市鑫金马印装有限公司
装　　订：三河市鑫金马印装有限公司
出版发行：电子工业出版社
　　　　　北京市海淀区万寿路 173 信箱　邮编 100036
开　　本：720×1000　1/16　印张：18.75　字数：234 千字
版　　次：2019 年 6 月第 1 版（原著第 2 版）
印　　次：2025 年 7 月第 23 次印刷
定　　价：78.00 元

凡所购买电子工业出版社图书有缺损问题，请向购买书店调换。若书店售缺，请与本社发行部联系，联系及邮购电话：(010) 88254888，88258888。
质量投诉请发邮件至 zlts@phei.com.cn，盗版侵权举报请发邮件至 dbqq@phei.com.cn。
本书咨询联系方式：(010) 88254199，sjb@phei.com.cn。

推 荐 序

过去几年以来，全球经济的困境和竞争的加剧，影响了各地客户评估与应用科技的方式。客户试图降低常规的运营成本，将省下来的钱投资于新解决方案，开发某些业务机会。我们在与企业伙伴及客户交流的过程中，发现解决方案是他们解决实际业务问题和帮助人们实现业务运转更有成效、更具弹性的重要因素。

然而，这些成功的关键在于关系的运用。我深信加强微软与客户间互动的重要性。通过深入的交流，我们才能达成提供解决方案、为客户带来价值与满意的目标。

客户一再要求与我们建立可靠且持续的关系。为实现这个目标，我们为微软的成员建立了一套固定的销售方法，让我们能致力于强化与客户之间的关系，树立长久且稳固的形象。

在共事的过程中，我们将解决方案销售方法视为销售流程的核心，帮助 5 000 位销售人员与数千家微软的企业伙伴贯彻了这些有效的销售原则，不但使客户为之惊叹，也让他们达到了预期目标。

客户的满意来自超越其期望的结果。通过运用解决方案销售，无论是听取客户的质疑与忧虑、为其提供好的解决方案，还是实现解决方案的预期目标，我们都变得更加具有预见性和决断力。我真心希望，通过将解决方案销售融入销售流程的核心之中，我们为客户提供的价值能够得以提升。

本书精辟地剖析了如何建立和维护以客户为中心的高绩效销售文化。本书描述了顶尖销售人员的行为，以及该行为如何促进成功，使买家或卖家都受用。基斯·M.依迪斯（Keith M. Eades）将在本书中告诉你，销售人员如何让微软在百家争鸣的市场中崭露头角。

我们将解决方案销售作为标准的销售方法，不但为客户提供了更高价值，同时还提升了我们自己的收益与效率。阅读本书后，我建议你也应用这些方法来改善你的销售模式，同时在贵公司中发展出高绩效的销售文化，以实现提升客户价值与改善满意度的共同目标。

凯文·约翰逊（Kevin Johnson）

微软集团全球业务、营销与服务部副总裁

译者序

从 2009 年起，解决方案销售方法论及销售业绩提升的核心知识体系陆续进入中国。在过去的 30 年中，解决方案销售方法帮助了 IBM、微软、马士基、飞利浦、汉高、京瓷等全球知名公司成功地将自身塑造为销售型组织。如今，国内的企业也可以获得解决方案销售咨询和培训服务。

为了更加精准地表达解决方案销售的核心理念和方法论体系，从 2013 年年初开始，Sales Performance International（SPI）公司大中国区总部决定重新翻译《新解决方案销售》（*The New Solution Selling*）和《解决方案销售实施手册》（*The Solution Selling Fieldbook*），由于之前较早与 SPI 合作并讲授解决方案销售的系列课程，我很荣幸地获得原书作者、解决方案销售方法创始人基斯·M. 伊迪斯（Keith M. Eades）的信任，负责这次重译工作。

《新解决方案销售》和《解决方案销售实施手册》中译本已于 2014 年出版。这两本书是了解以客户为中心的解决方案销售最为理想的阅读材料。书中描述了解决方案销售的基本原则，以销售流程为基础，综合集成销售工具、销售技巧、产品知识及行业知识，其目标是帮助销售人员创造销售机会，识别潜在客户的业务问题，然后综合运用对客户的了解和对自身能力的了解，引导客户分析问题，帮助客户做出购买决定，协助客户自己找到真正的解决方案。

在过去的几年中，随着国家经济体制的深度改革，国内涌现出众多 B2B 类型的销售公司和组织。同时，有越来越多的销售人员接触解决方案销售方法，也有越来越多的销售型组织正在实践这套销售方法。我们的客户在感叹解决方案销售方法的系统性和专业性的同时，也产生了诸多的困惑。例如，如何更加有效地将解决方案销售方法论落地问题？销售型组织转型应该从何处开始？销售变革到底需要做哪些准备？销售型组织如何应对互联网趋势带来的革命性影响？如何塑造以解决方案为中心（也称解决方案导向型）的组织文化？

我们真切地看到，销售业绩的改变以及销售型组织的成功转型绝非简单地将其理解为进行销售能力训练或者销售培训。市场营销、客户服务、运营支持，以及企业高层管理与销售组织的整合方式和工作模式在销售流程中的关键时刻起到了重要作用。中国有句俗语："铁打的营盘，流水的兵。"对于解决客户的痛点而言，将整个企业作为能力的输出整体，远比培养出一两名顶尖的销售人员更为重要，这正是企业经营者深层次管理的需求所在。

为了更加精准地表达解决方案销售的核心理念和方法论体系，我们在2014 年翻译《新解决方案销售》与《解决方案销售实施手册》的基础上，还翻译了旨在帮助企业塑造解决方案导向型组织的体系方法书籍《以解决方案为中心的组织：获得市场收益持续增长的引擎》，以及探索互联网趋势的销售新模式的书籍《协同销售：新常态下场景化价值驱动的销售新模式》。这两本书已分别在 2015 年和 2016 年出版。

如今，解决方案销售系列书籍已经成为众多讲述销售方法著作中的经典，书中的理论经由全球百万名销售人员多年的应用和验证，适用有效。解决方案销售系列书籍为 B2B 项目型销售人员提供了销售流程、方法、工具和技巧，帮助销售人员更好地理解客户的深层次需求，拓展潜在业务机会，提高业绩。同时，解决方案销售系列书籍为销售团队转型、塑造销售文化和打造以客户为中心的销售型组织提供了核心理论依据。

本次翻译工作得到了多方的大力支持，特别感谢 SPI 公司创始人及原书作者基斯·M.伊迪斯先生的鼎力相助。对于中文版系列丛书中的名词解释和澄清，还要非常感谢活跃在中国地区的解决方案销售培训讲师和销售顾问，凭借他们在国内授课以及与客户互动中积累的大量实践经验，帮助校正了书中许多内容。最后，感谢电子工业出版社的刘露明老师和卢小雷老师在版权和编辑方面给予的巨大帮助。

我在解决方案销售培训中经常会说："想要在事业与生活上获得成功，你就必须冒点风险。"实际上，阅读这套系列书籍是非常愉快的。虽然阅读本身并不能带来直接的成功，但我相信你一定会在其中找到些许答案，让你的解决方案销售之旅有备而来。

最后，祝你阅读愉快，销售成功！也欢迎雅正！

武宝权

解决方案销售实施顾问

微信：qiu898486593

邮件：wubaoquan@connectmethods.com

武宝权 毕业于英国利兹大学，获得管理硕士学位。从事销售与管理工作，先后在李宁、新浪、埃森哲、SPI 公司工作，曾担任学习发展顾问、销售咨询顾问等职务。《销售与管理》《中外管理》杂志特约专栏作家。在 SPI 公司工作期间，获得解决方案销售高级认证教练，是核心项目实施顾问，他运用扎实的销售管理知识和丰富的实战经验，帮助客户企业进行销售组织转型，为其建立和实施行之有效的销售管理和能力发展体系。

中文版再版序

恭喜你刚获得一本最为成功的销售类书籍。多年来，来自不同国家和文化背景的读者就像你一样，阅读了本书。他们将书中所学知识运用到实践中，为他们自己和所在公司创造额外的价值。

中国是一个非常大的市场。虽然中国是一个大国，但是存在着不同形态的经济模式，有与世界顶级企业竞争的高新技术公司，也有刚刚开始摆脱农村经济形态的行业和公司。因此，中国市场必然存在着不同级别的最佳实践案例。你是否仍处在关系型销售的模式，或你已经超越了。世界的趋势都很明显，如果你想跟上国际销售的最佳实践步伐，不管公司处于什么样的阶段，销售必须变得更加专业。

在过去的25年里，我们已经为许多来自中国的学员讲授了如何从解决方案销售®中获益，如何与未采用这种方法的竞争对手进行竞争，形成优势。在世界范围内，已经有来自50多个国家的100多万人学习并实施解决方案销售®，并从中受益。中国的许多世界级的公司也已经采用解决方案销售®的方法，取得了可观的可衡量结果。

对于销售和领导者：最佳的结果是通过一套全面的方法提升销售业绩，

从而建立一个世界级的销售组织。这必须围绕着：

    A. 在你的团队中将合适的人才放在合适的岗位上。

    B. 用销售流程支持固化销售行为。

    C. 辅以有利的销售工具。

所以，培训仅仅是第一步。

对于人力资源经理来说中国市场上也充满了不同类型的销售培训。但大多数的销售培训仍然是仅注重个人技能的培养，这可以帮助提升个人的销售技巧，然而从本质上很难帮助整个组织提升销售业绩。当销售经理向你咨询销售的有关培训时，请确保与销售经理共同决定真正能够帮助销售团队整体提升业绩的方法，而不仅仅是个人的销售技巧。

SPI公司期望帮助有愿望成为专业销售人员的朋友追求销售的高绩效。通过面对面或虚拟培训、在线学习、一对一辅导、销售业绩报告服务、销售工具的设计，我们愿意随时随地帮助专业人士引进最佳实践。在所需之处，我们保证所有专业销售人员能拥有属于自己的最佳实践。

基斯·M.依迪斯（Keith M.Eades）

前　言

解决方案销售®（Solution Selling®）是销售实施流程的行业标准，全球约有 50 万名专业销售人员在使用这种方法，它已经成为销售行业中那些顶尖销售人员必须掌握的流程和策略的基础。

解决方案销售随着最新经济趋势、企业环境与销售职业的快速变化而不断更新。就整体而言，在信息沟通方式得到改善、全球竞争加剧的驱动下，客户购买决策的周期过程正在加速。自第一本解决方案销售方面的书籍出版后，世界经历了互联网的兴起、多渠道销售策略的开发、信息化与计算机生产工具的大幅改良及国际市场的兴起等众多变化。

特别是自全球经济出现衰退后，销售人员的成功模式已然发生改变。本书提出了适应这些新变化的做法，并且这些做法要和解决方案销售实施过程中那些有效的重要模型兼容。本书涵盖了以下重要内容：

- 强化销售流程：本书强调了可复制的整合销售流程的价值所在。最值得一提的是，本书将销售流程中每个阶段的里程碑都整合起来，由此形成一种更为一致、更易训练、更能提升销售成果并且使预测更为准确的销售实施行为。

- 紧密整合流程：本书提及了新的销售辅助工具，能够帮助销售人员和销售经理推动销售工作按流程进行。本书特别简化并强化了整个解决方案销售的流程，根据销售机会的复杂性，删除了多余或不必要的步骤。

- 做好拜访前规划（Precall Planning）：在当前的经济环境下，不应忽略任何一次业务拓展的机会。本书将介绍多种新型工作辅助工具，如客户概况（Account Profiles）、初始痛苦链（Initial Pain Chain）、关键人物表（Key Players List）及可量化的价值主张（Value Propositions）等，以改善拜访前规划与研究。

- 以价值为焦点：本书介绍的相关模型，会教你如何在销售流程中的每步都传达一致且有说服力的价值观念。其中，特别值得一提的是解决方案销售价值循环（Solution Selling Value Cycle），它是一种非常实用的工具，将帮助你为客户找出可量化且可衡量的价值，并且加以说明。这是在现今销售环境中你的一大优势。

- 有效掌控成交机会的新工具：以往关于解决方案销售的书籍，都将重点放在发现潜在销售机会的价值上。本书一方面保留了这些重要概念，另一方面也提出了新的工具，帮助你在激烈的竞争中争取到机会。这些新工具包括机会评估（Opportunity Assessment）与竞争策略选择（Competitive Strategy Selection）等。

- 将销售与执行、客户服务相连接：本书介绍了评估计划（Evaluation Plan）这一销售工具，由此使客户对所采纳的方案的实施具体化，从而使从成交到实现解决方案价值的转变更加顺利。

- 具有更大的适用性：本书所提供的销售流程，同时适用于管理复杂的大型销售活动和较为简单的销售活动。无论是中、小业务机会，还是整合电话营销或电话销售的流程，本书介绍的内容都是绝佳的成功指南。举例来说，我们将"九格构想创建模型"（9 Block Vision Processing Model）加以简化，在进行简单的销售活动时同样可以使用。本书所介绍的其他销售辅助工具也都是以适用为前提的，可供读者在各种销售情境下使用。

● 与销售管理流程之间的联系更加密切：本书与解决方案销售管理方法完全整合。这就使一线业务主管能够使用与解决方案销售相同的原则、流程和框架，有效地评估并培训销售团队成员。

解决方案销售已彻底改变了销售的世界。本书介绍的内容将使整个销售流程更上一层楼，公司内各层级需要面对客户的销售人员、销售经理、高层管理者都能从本书中获益。

目　录

第 2 篇　创造新机会

第 3 篇 抓住活跃机会

第 4 篇 评估、控制、结案

第 5 篇　流程管理

第1篇

解决方案销售的概念

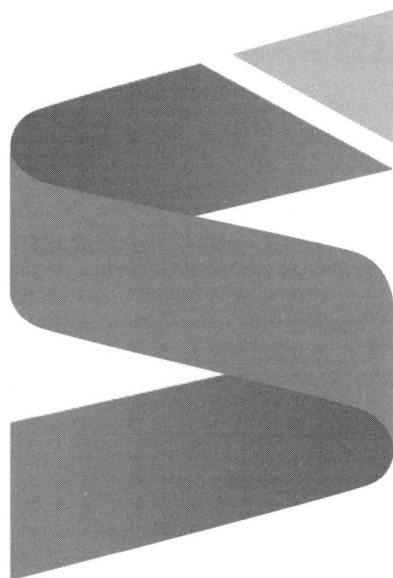

第 1 章

解决方案

　　每当我问及销售人员与销售经理是否给客户提供了解决方案时，得到的答案多半是"是的"。但当我追问他们到底为客户提供了什么样的解决方案时，每个人的回答却不尽相同。销售人员和管理者个个使用炫目的产品名称和容易让人混淆的缩写，口若悬河地描述其产品与服务。

　　我所要说的是，每个人都宣称自己正在从事的是解决方案业务，但多半只是说空话罢了。"解决方案"（solution）一词被滥用了，已经没有人知道其真正的内涵。因此，当销售人员自称在做解决方案业务时，客户往往当其为耳边风。因为对客户来说，这只不过是一种推销手法和营销宣传手段而已。无论是销售人员，还是销售型企业，都应该清楚地意识到这个问题，并为之有所改变。

大多数声称自己正在提供解决方案的企业与销售人员，都会不自觉地专注于销售产品，而非真正的解决方案。因此，我断定他们其实并不了解什么是解决方案。

"解决方案"一词究竟该如何定义？传统的解释是"问题的答案"。我同意这种说法，但觉得应该扩大其定义的范围。不仅客户需要承认问题之所在，买卖双方还要在答案上达成共识。所以，解决方案是双方在认定的问题上找出达成共识的答案。

除此之外，解决方案必须能体现一些可衡量的改善之处。我所谓的可衡量的改善之处，是指改善之后与之前对比有进步的空间。这样我们就对解决方案有了较为复杂的定义：双方在认定的问题上能找出达成共识的答案，而且答案要能体现出可衡量的改善之处。

最近，有位服务于市值 130 亿美元的公司的营销负责人向我表示："我们想要从事解决方案业务，实现我们多年来对客户的承诺。 我们的营销口号是'我们提供解决方案'，但其实我们并未做到这一点。虽然我们多年来在市场资料、广告与活动口号中大肆宣传，但并不表示它就会成为事实。"

这名销售经理告诉我，他想要设法将公司业务重心从产品销售（ Product Selling），变革为解决方案销售（ Solution Selling），请注意"变革"这个字眼。我问他为什么，他不假思索地说："应客户要求。"

我向他解释，他所追寻的变革会旷日持久，费时费力，而且必须同时自上而下、自下而上进行，才能实现。

公司里每个人都要致力于业务发展、销售、营销与提供解决方案。整个公司必须采用一套新的哲学、新的原则，最终就是要更换一套新的文化。凡是有机会接触客户的人员要同舟共济，改变现有做法。我告诉这位营销负责人，无论是新进人员还是现有员工，都必须加强他们与客户接触的技能。其中，销售人员特别需要具备为客户诊断和定义问题的能力，然后设法以该公司独特的产品与能力为导向，为客户创造构想。我告诉这位主管，想从事解决方案业务，公司得保证能实际解决问题，并且愿意随时提供服务，直到客户获得可衡量的正向改变为止。

这名销售经理非常自信地向我表示，他和同事们能够一起达成变革目标，完成从产品销售向解决方案销售的转变。目前他们还在努力当中，从初步结果来看，成效还不错，只是整个转变过程恐怕会比他们所预期的还要长得多。

什么是解决方案销售

解决方案销售是一种销售流程（我会在本书中详述）。根据调查，解决方案销售是目前全球销售业务中最广为使用的销售流程，有 50 多万名从业人员接受过解决方案销售的培训。

可执行的销售活动包括与客户直接接触。对于许多个人及公司来说，解决方案销售是端对端（End-to-End）销售流程的全部过程。对于那些面临更为复杂的销售情境的销售人员而言，解决方案只属于他们销售流程中的一部分执行内容。解决方案销售不仅能够帮助你了解在销售时该做哪些事项，也让你知道该如何去做。

解决方案销售流程包含以下内容：原则、路径图、方法论与销售管理系统。对于销售人员、市场营销人员及销售管理者而言，解决方案销售不是待做事项之一，而是唯一一件必须做的事情。

一套原则

客户是一切焦点所在。帮助客户解决业务问题，同时实现可衡量的正面结果，是一切行动的基础。因此，解决方案销售流程的各项步骤，皆与买方如何购买有关。

一张路径图

解决方案销售提供销售路径图，指引你如何从目前所在地到达目的地。解决方案销售提供从头到尾按图索骥的端对端步骤。所谓端对端是指从销售之初到最终成交。中间包括拜访前规划、激发兴趣、诊断问题、形成构想、掌控销售、顺利成交，一直到售后追踪。利用这个流程，你便能够找出、分析、汇报、管理与指导每个销售机会。此外，解决方案销售还可使你具备提前预测销售成败的能力。

一套方法论

解决方案销售是一套系统的方法论，其中包括工作辅助工具、技巧与流程，能够帮助销售人员与销售团队掌握快速成交的销售步骤。同时，它也有助于提升客户满意度，并增进销售产能。

一个销售管理系统

解决方案销售为企业的销售和管理提供一套包括分析销售漏斗、找出

有效销售机会和培训技能的流程，因此能提高销售产能和销售预测能力，
从而创造出高绩效的销售文化。

为何要有销售流程

销售人员的能力参差不齐，让管理者很头疼。你一定听过一句老掉牙
的话："有些人天生就适合做销售。"他们拥有难以形容的销售才能。这些
销售天才约占所有销售人员的 20%，被我们称为"雄鹰"（Eagles）。有时
候，这些天生销售好手又被称为非自觉人才。他们擅长销售，但如果你
问他们秘诀何在，恐怕连他们自己也说不上来。这便是非自觉人才的典型
特征。

我们将另一类销售人才称为一般销售人员（Journey People），这类销
售人员约占所有销售人员的 80%。这些人有准备、有意愿、有能力从事销
售，但他们和"雄鹰"全然不同。一般销售人员有潜力成为优秀的销售人
员，不过，他们成功的关键在于遵循既定流程，并且总是想要知道下一步
该做什么。

雄鹰展翅高飞、呼风唤雨。他们独来独往，业绩斐然。不过，光靠这
些销售天才还是无法实现我们所需要的全部业绩。至于雄鹰无能为力的那
部分收入，我们还得另外想办法，这就必须由一般销售人员来完成。一家
企业的整体销售业绩得视大多数销售人员是否成功而定，我们必须帮助大多
数销售人员成功。图 1.1 显示了优秀销售人员和一般销售人员的不同之处。

雄鹰
（20%）
- 凭直觉做事
- 擅长对话交流
- 善于提问

一般销售人员
（80%）
- 进行演示
- 做出陈述
- 流程是成功的
  关键

图 1.1　销售才能评估

　　"雄鹰"型销售人员的典型职业生涯是怎样的呢？大多数企业如何对待他们的销售"雄鹰"呢？如果你的回答是"提拔他们担任销售经理"，那么你就对了。

　　不过，这种做法也会存在问题。你提拔一名"雄鹰"成为销售经理后，这些不知道自己是如何或为何成功的人，通常无法帮助手下的一般销售人员。他们通常只会简单地对手下销售人员说："看着我，照着我的做法去做。""雄鹰"之所以采用这种管理方式，是因为他们没有一套销售流程可供遵循。毕竟，一套销售流程不仅应该告诉销售人员做什么，还应该包括如何去做。更糟糕的是，当一名销售"雄鹰"晋升为销售经理后，销售产能中便少了一位优秀的收入和利润创造者。

　　到了最后，无论是高层还是这位新上任的销售经理，都会因为无法创造佳绩而备感沮丧。就算高层不主动提出解聘，这些销售高手也通常会主动辞职，跳槽到别家公司重操自己最擅长的旧业——销售。如果贵公司发生类似情况，你一定要设法阻止。想要停止在晋升方面做出错误的决定，就得采取一套有效的销售流程。

　　我之所以对销售流程如此热衷，销售中的"雄鹰"是其中的一个重要原因。当你说服一位销售"雄鹰"采用一套有效的销售流程时，你将拥有全世界最厉害的武器：他会变得所向披靡。另外，我对于一般销售人员和他们对销售流程的需求也同样热衷。与一位没有销售流程支持的销售高手相比，一般销售人员在使用了经验证过的销售流程后能够赢得更多的机会。一套好的销售流程能让一般销售人员效法"雄鹰"的销售行为，将个人销售绩效提升到极致，并学会如何成为明日的销售经理。

64%难题

你会指派能力最为薄弱的销售人员来开发难度最大的客户吗？可能不会。不过，我倒发现有不少公司反其道而行之。我们将这种挑战称为"64%难题"（见图 1.2）。

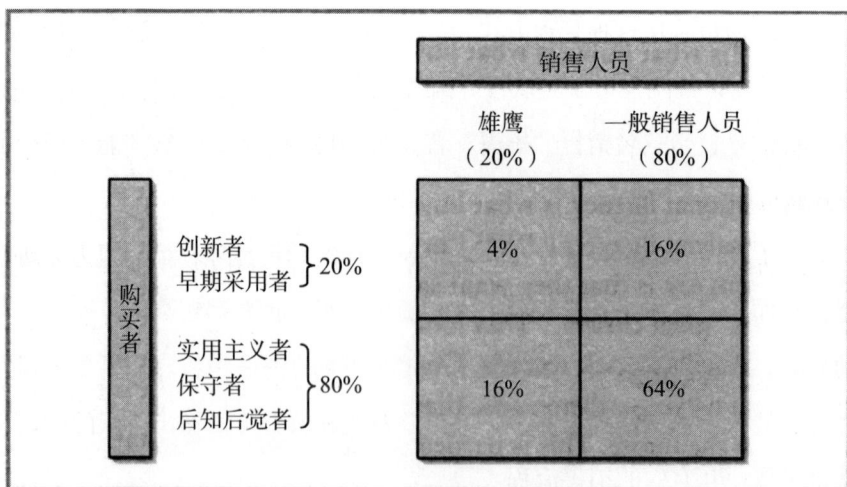

图 1.2 为何需要销售流程

　　该论点参考杰弗里·摩尔（Geoffrey Moore）在《跨越鸿沟》（*Crossing the Chasm*）一书中的分析。在这本书中摩尔提出：购买者依行为的不同，而各自分属于不同的细分市场中。

　　在图 1.2 中，纵轴第一类购买者也被称为"创新者"（Innovator）或"早期采用者"（Early Adopter）。这类购买者约占市场的 20%，他们通常想要率先拥有新产品，这群人也是最容易推销成功的对象。

　　纵轴的第二类购买者被称为实用主义者（Pragmatist）、保守者（Conservative）或后知后觉者（Laggard）。他们约占整个市场的 80%，是反应较慢、较为保守的购买者。他们在做出购买决策之前，需要看到别人的参考推荐、证实后的结果与投资回报率（Return of Investment，ROI）等分析资料。这群购买者是最难推销成功的对象。

　　横轴中是"雄鹰"（20%）与一般销售人员（80%）两类销售人员。若将两类购买者与两类销售人员整合成一个典型的矩阵图，就会得到一些有趣的发现。

　　请看 64%的那个象限，这便是挑战所在，也是我们将之称为"64%难题"的原因。这就是公司让一般销售人员向最具挑战、难度最大的购买者进行销售的部分。换句话说，有 64%的时间，你让公司里并非顶尖的销售人员去面对最难应付的客户人群。为什么要继续这么做呢？这么做并不聪明。无论是企业或个人都应该立刻停止这种自欺欺人的愚蠢行为，依据销售流程来解决这种难题。我希望你现在已经相信销售流程有多重要。如果你还不信，请继续往下阅读。

情境流畅度

　　购买者希望与真正了解其业务与问题的销售人员打交道。他们想和熟悉他们情境的人做生意，也就是说，此人要能够了解他们的处境，深知如何帮助他们解决问题。购买者最不喜欢的是那些只关心推销自己的产品或服务，而且咄咄逼人的销售人员。买家想要的是一位能为他们的情境增加价值的顾问。否则，他们只需要上贵公司网站查询一下产品的信息与价格即可。销售人员必须将价值增加到客户的情境之中，否则无法获得长远的发展。

　　图 1.3 说明了帮助销售人员熟悉情境并获得客户信任的要素。

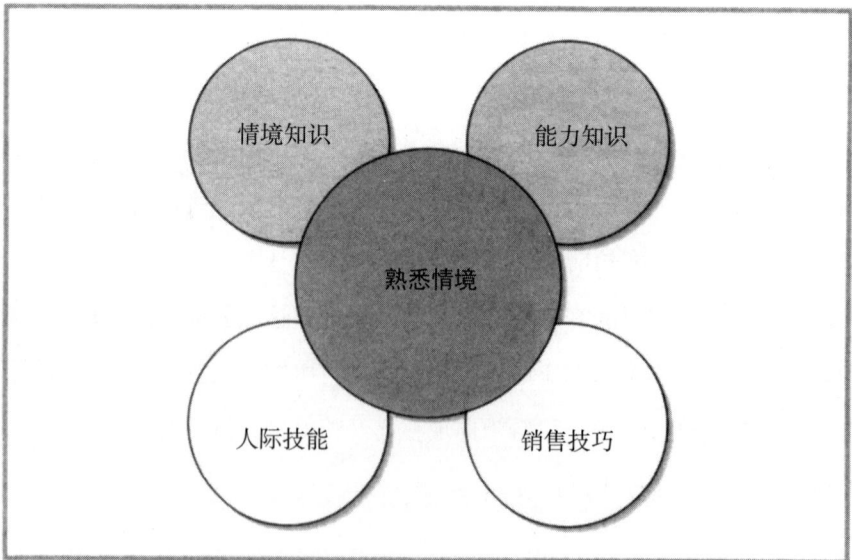

图 1.3　熟悉情境所需能力

如果熟悉情境是客户最希望在销售人员身上看到的特质，那么，销售经理在招聘销售人员时，应该要留意哪些技能呢？我所听到的是，他们希望拥有丰富销售技巧的销售人员；他们想要的是能够快速成交的人。销售经理最在意成交技巧及以往的成功销售经验。虽然过去的成功经验很重要，但我希望他们能够了解，过去的成功无法确保未来一定会成功。在进入新行业销售新产品、新科技或新服务时尤其如此，那些曾经备受赞誉的销售模范往往很难在新情况下复制成功。

我并非认为优秀的人际技能与销售技能不重要。事实上，在解决方案销售中，我们将关键的销售技巧纳入了整体流程之中。解决方案销售整合了知识能力（情境知识与能力知识）、人际技能和销售技巧。解决方案销售是唯一一个将此四种能力要素整合起来的销售流程。

销售、销售管理与高层管理的难题

解决方案销售除了整合知识与技能外，还帮助解决在具体销售、销售管理与高层管理方面所遇到的困难。以下是与客户协同工作时常见的挑战，看看自己是否也遇到过类似的问题。

常见销售难题

- "我很难达到目标销售额，更别提要超额了。"
- "我们公司的产品不再具有竞争力。"
- "客户说我们公司的服务太昂贵，价格不合理。"
- "他们不让我与适合的层级接触。"

- "如果经理能给我权限，可以给客户一点折扣就好了。"
- "顾问未尽全责。"
- "在销售过程的尾声，我对潜在客户失去了控制。"
- "我们介入得太晚了。"
- "潜在客户不知道自己要的是什么。"
- "我们没有满足某采购委员会成员的需求。"
- "我有机会开拓业务，但我们的经销商却未能配合。"
- "我的主管告诉我要做什么，却不说清楚该如何做。"
- "竞争对手的网站棒极了，我们还没开始就已经输了。"
- "我的主管要详细的销售预测数据，他们到底是希望我卖出产品，还是只把数据输入系统？"
- "客户可以从别处买到性能相同的产品，所以我必须把价格压得比竞争对手还低，才能赢得生意。"

常见销售管理难题

- "预测销售收入变得越来越难了。"
- "手下销售人员善于拜访技术人员与终端使用者，却不善于与客户的高层管理者对话。"
- "许多销售人员人浮于事。"
- "相较于选择转向竞争对手去采购的买家，我们损失更多的是那些迟迟不做决定的买家。"
- "在新招聘的销售人员中，只有少数几位能创造出可观的销售额。我们的招聘模式一定出了问题。"

- "销售人员拜访客户时,带销售支持与技术人员一同前往的情况太过频繁。"

- "营销活动与销售活动无法配合。"

- "销售人员将过错推到产品缺陷上。"

- "一旦销售漏斗看起来进展顺利,客户开发工作便停止不前。"

- "我们尽全力提高销售额,但离目标还是太远。人生苦短,何必如此拼命。"

- "很难开发新的业务机会,往往给客户发出征求建议书(Request for Proposal,RFP),或者和竞争对手一起竞标后,就没有下文了。"

- "等到销售人员要我一起参与时,往往都已经太迟了。"

- "放弃不适合的销售机会可不是我要干的事情。"

- "季末忙得焦头烂额已成常事儿。"

常见高层管理难题

- "准确预测销售收入简直就是噩梦一场。"

- "我们所有的策略都围绕着收入目标。"

- "销售团队让人捉摸不定。公司里其他部门要可靠多了。"

- "本公司产品很棒,为什么卖不出去?"

- "成本攀升不是问题,销售收入增长才是根本。"

- "我们未完成季度营业收入目标。不过,还好增长率高于零。如果出现负数那该怎么办?"

在接下来的章节中,我们将探究解决方案销售流程的基本原则,这将是销售流程中所有步骤和全书内容的出发点。

第 2 章

原　则

本书是为适应当今高度竞争的全球经济环境，并参考多年来的研究与销售经验发展而来的。本章论及的原则是解决方案销售的基础。读完本章后，请立刻开始应用这些原则。你不需要等到读完全书才开始实行。

解决方案销售原则

以下列出部分解决方案销售的原则：

- 痛则思变。

- 痛苦会遍及全公司。

- 先诊断，后开方。

- 购买者需求可分为三个层次。

- 活跃机会和潜在机会。

- 先入为主，设定需求，让自己变成客户的首选公司。

- 你无法销售给无购买决策权的人。

- 购买者的关注点随时间而变化。

- 成功销售公式。

🔊 解决方案销售原则——痛则思变

解决方案销售的基本原则是：痛则思变。没有痛苦，就不会有所改变。这里所谓的痛苦是指麻烦、重要业务问题或可能错失的良机。如果个人或公司没有麻烦，没有重要业务问题，也从未错失任何良机，那么他为什么要去改变呢？我们在解决方案销售中使用"痛苦"二字，来强调这种观点。然而，我们并不鼓励销售人员向购买者提及这两个字。

我坚信此观点几乎适用于销售各种商品和服务。我还记得曾经在某次解决方案销售研讨会中提出此观点，结果有位与会者提出质疑。她问道："这怎么可能呢？买奢侈品会有什么痛苦呢？"没想到接下来她在不知不觉当中回答了自己的问题："毕竟，人们买奢侈品是因为他们自己想买，而不是非买不可。"我看着她，只是简单地问道："你是否曾渴望某件东西，若得不到就痛苦不堪呢？"换句话说，这种想要拥有、成就或体验某事的渴望，就是导致你改变现状的痛苦或原因。

痛苦给人改变的理由。痛苦让人们采取行动、改变负面形势，或积极追求并渴望改善现状。若没有一个极具说服力的理由，个人或公司通常不会特别去做什么事情，或者购买什么东西。一旦承认痛苦，而且消除痛苦的决心已经很充分了，那么购买者就有了采取行动的正当理由。

📶 解决方案销售原则——痛苦会遍及全公司

在美式橄榄球、冰球与篮球运动中，球员必须同心协力、相互依赖才能有优异表现并顺利夺冠。每个人都知道这一点。企业和组织也一样。简单来说，同一部门内的人员要患难与共。这种互相依赖的观念便是企业构架的基础。尽管每家企业内相互依赖的程度不一，但它始终是存在的。

相互依赖的观念与销售关系密切，特别是解决方案需要在整个公司内部得到执行时，更是如此。在当今复杂的决策环境中，我们需要比以往更清楚地了解潜在购买者的问题与挑战。唯有如此，才能准确地专注于问题的根本原因，根治问题并提供解决方案，而不是治标不治本。

每个人的问题都和同组织中的其他人相关。在销售领域，你不仅要找出并审核对方的痛苦，还要将痛苦联系到其他人身上。如此一来，实现解决方案就意味着为客户增加更大的价值，对销售人员而言将会是一个公司级的销售机会。

在第 4 章，我会将这些联系绘制在一个销售工具中，叫作"痛苦链"。"痛苦链"将说明问题和原因，以及它们是如何散布至整个组织的。

📶 解决方案销售原则——先诊断，后开方

开方子前先诊断，如此便能在与客户讨论解决方案之前，先行了解客户的问题。若与之相反，也就是未诊断就给出方子，则代表你在尚未了解

问题之前就先提出了解决方案。就算你的药方后来证明无误，客户也会感到不可信，有可能让销售活动终止。关于这项原则，我们将在第 7 章详细讨论。

解决方案销售原则——购买者需求可分为三个层次

需求可分为三个层次，你会发现各种人群、购买者与组织分属于不同的层次。关键在于，销售人员及任何与购买者接触的人要了解这一点，根据不同的层次调整自己的做法。购买者处于不同的需求层次，销售人员就必须采取不同的做法（见图 2.1）。

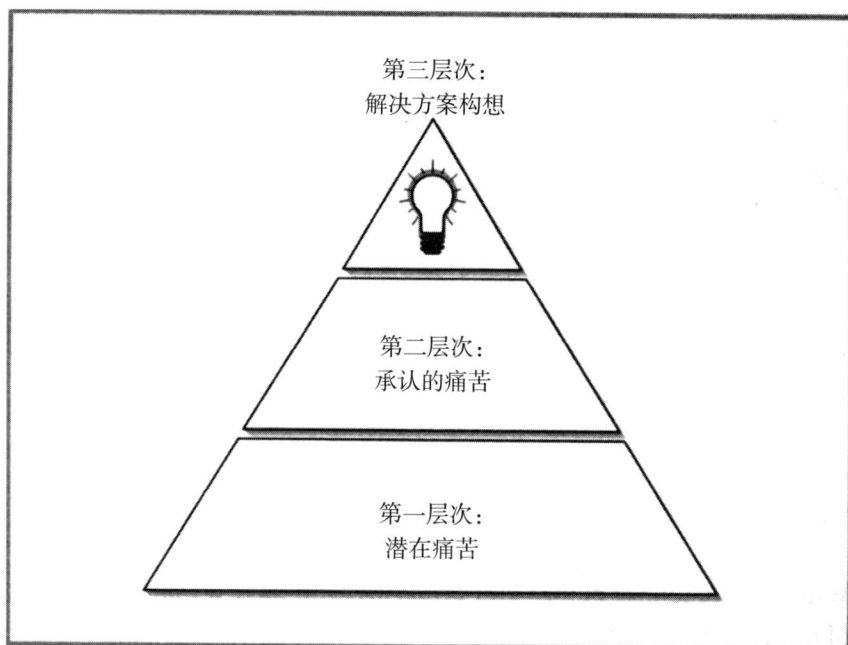

图 2.1　购买者需求的三个层次

　　第一层次：潜在痛苦。凡是未寻找问题也未积极设法解决问题的购买者，皆处于潜在痛苦阶段。购买者之所以处于此需求层次，有两大主要原因：未察觉或过于掩饰。未察觉是指他们尚未发现问题；过于掩饰则是指他们知道问题所在，但可能不相信真的有解决方案存在，或者之前设法解决但是没有结果。此层次的购买者常常以解决方案过于昂贵、复杂或存在风险为借口不购买。无论是未察觉还是过于掩饰，此层次的购买者都在忍受着与问题共存的痛苦，大多数情况问题是可以解决的。

　　针对这个阶段，销售人员的关键行动是帮助购买者了解并承认他们的问题。我常常告诉销售人员，如果购买者不知道自己正遭遇的问题是可以由销售人员提供的产品或服务解决的，那么首先必须向他们说明问题本身，而不是产品或者服务。

　　第二层次：承认的痛苦。购买者愿意讨论现状中的问题、困难或不满。购买者承认问题的存在，但不知该如何解决。在此层次的购买者会把问题告诉我们，但不会采取任何行动。电子商务就是最佳例子，大家都知道应该在这方面多加努力，但观望者居多。为什么呢？他们对于该做什么及如何开始，没有清楚的构想。

　　此时销售人员应该彻底诊断问题，并制定出一个购买者确信可行的解决方案构想。

　　第三层次：解决方案构想。购买者承担起解决自己问题的责任，而且能设想出解决问题的所有需求。这便是行动阶段。针对处于这个层次的客户，销售人员的关键行动分为两种，如果你已为购买者创造构想，就要维持下去；如果你未创造构想，则要重塑构想。此时销售人员会犯的最大错误，就是以为购买者已经做好购买准备，成交在望。

总之，你会遇到处于三种需求层次的不同的购买者。在潜在痛苦层，身为销售人员的你，任务在于让购买者察觉问题的存在；在承认的痛苦层，你的任务是证实他们的痛苦，并指引他们走向解决方案构想；在解决方案构想层，做法是发展或重塑构想，让购买者在使用你所提供的产品或服务之后，能够完全改变现状。

📶 解决方案销售原则——活跃机会和潜在机会

如图 2.2 所示，你会发现机会被分成两类：活跃机会和潜在机会。活跃机会是指购买者已确认要购买某项东西。购买者已经明确了解自己的需求，并且让销售人员一起参与评估过程。积极购买的客户所占比例有多少呢？答案因情况而异，但多半只有 5%～10%。也就是说，有超过九成的客户属于没在寻找的。为什么呢？是因为这九成客户没有问题吗？当然不是。这些潜在购买者可能是未察觉，也可能是过于掩饰，坐视问题而不管，他们的痛苦是隐性的。这些遭遇问题但未积极寻求解决方案的人，是最大的销售契机之所在。这些没有寻找解决办法的客户为何能提供如此巨大的销售潜力呢？答案存在于另一个原则之中。

📶 解决方案销售原则——先入为主，设定需求，让自己变成客户的首选公司

在竞争激烈的销售世界里，销售最主要的目标在于赢得机会，帮助客户。若你能先入为主，设定需求，让自己变成客户的首选公司，那么销售成功的机会将大大增加（见图 2.3）。

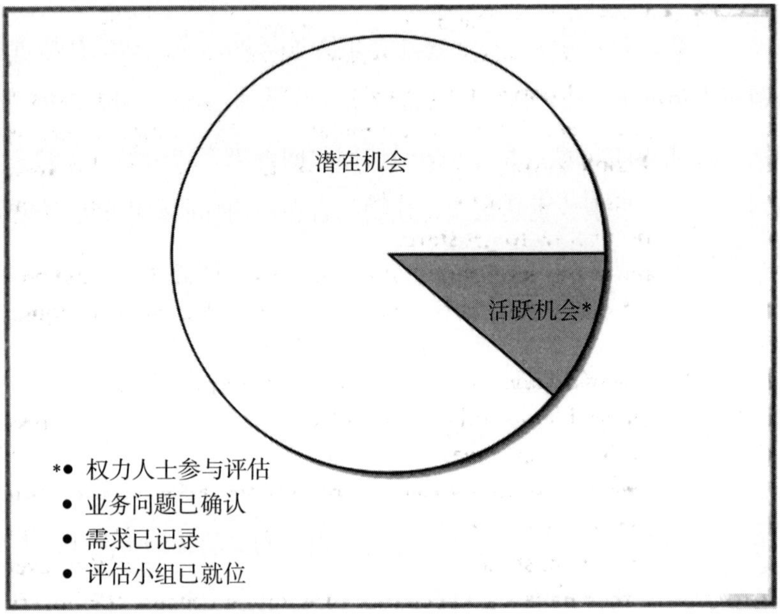

图 2.2　活跃机会和潜在机会

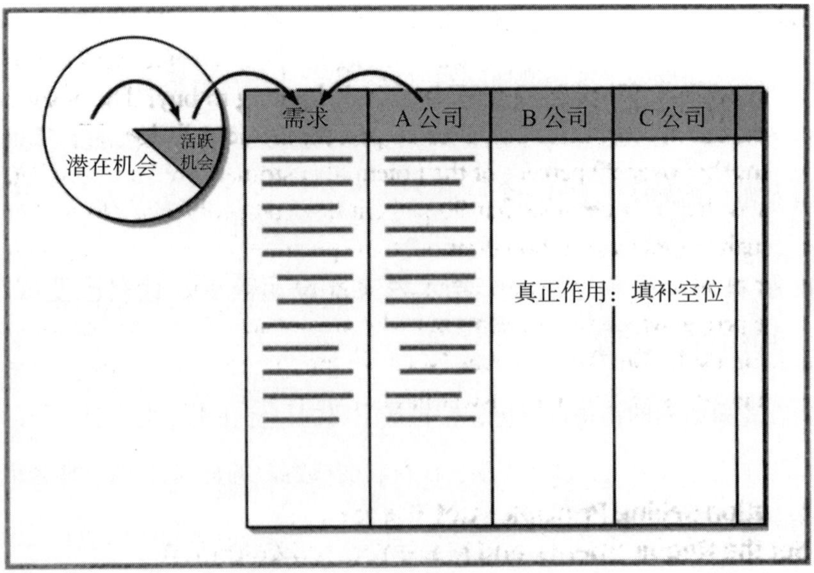

图 2.3　成为客户的首选公司

图 2.3 说明了企业通常是如何进行评估与采购的。大多数公司与个人，不管是否自觉，都会使用某种评估来帮助自己做出决定。人们会将考虑中的采购对象排出第一选择、第二选择或第三选择的位置。销售人员的关键任务就是让自己被客户列入第一选择，因为这是最有机会赢得销售的位置。当在潜在区域（客户没有寻找机会）进行销售时，销售人员就会拥有绝佳的机会来设定或凸显购买者的购买需求，并且更有机会登上客户的第一选择的宝座。如果销售人员在定义需求阶段表现优异，则购买者的构想（购买需求）就会和这名销售人员提供的产品与服务相符合，而成为购买者的第一选择。

经验证明，A 公司（首选公司）的销售人员成功机会比较大。我们的实际经验与研究皆显示，如果能够从潜在痛苦中发现机会，让对方积极评估，抢占 A 公司的位置，则 A 公司赢得成交的机会高达九成以上。

也许销售人员会问："如果我不为客户定义问题、制订计划、将自己放在 A 公司的位置，那么我还能赢得机会吗？"答案虽然是肯定的，但成交概率会很低。想要提高成交概率，就必须去做某些特别事情。我会在本书第 3 篇中详加叙述。

🔊 解决方案销售原则——你无法销售给无购买决策权的人

你无法卖东西给无力购买的人。不过，对于那些无法做出购买决策的人，你还是会花大量时间、金钱与精力，很多销售人员都这么做。你可以和他们一起共进午餐，参与许多社交活动来影响他们，但你迟早还是必须和那些握有实际购买决策权的人进行互动。这些人能够影响公司的采购决策，或者他们本身就是决策者。如果你所交涉的人没有这种权力，那么他必须能介绍一位有采购权力的人给你才行。

我鼓励销售人员尽量与对方公司里的高层人士直接进行接触。与其被警告不要越级接触，卡在对方公司中无法动弹，还不如直接从高层开始，然后再由对方委派较低级别的人来与你交涉。

许多销售人员抱怨与具有权力的人接触和进行销售非常困难。原因之一是，年轻的销售人员在与企业主管或高层开展业务时，经验通常不足，会感到不自信，这是可以理解的。还有一个原因是，许多销售人员无法和拜访对象谈论对方的业务内容，他们缺乏情境知识。因此，这些销售人员将对象锁定在职位较低的人员，因为这些低层级的人会说他们想听的话，也会很愿意让销售人员请吃饭。

🛜 解决方案销售原则——购买者的关注点随时间而变化

当购买者进入采购流程后，他们的关注点会有所变化。他们的说法与行动会透露他们正处于采购流程中的哪个阶段。到了最后，随着购买者在采购流程中不断前进，销售人员对购买者所关注的因素了解越多，则越能对购买者做出恰当的回应，图 2.4 说明了这一点。

举例来说，在购买过程展开之初，购买者通常会关心需求与成本，我们将此时称为阶段一（决定需求阶段）。然而，等到他们清楚知道自己的需求并做好预算后，他们的购买关注点便会转为评估各种能符合他们需求和预算的方案，此时为阶段二（评估方案阶段）。一旦他们在阶段二针对各方案进行评估后，便进入采购流程的尾声，购买者的关注点将放在购买所产生的风险与承诺所产生的成本上，此时为阶段三（评估风险阶段）。购买者不断改变的关注点及关注层面，决定了他们正位于哪个购买阶段。销售

人员越留意这种购买的心理模式及购买阶段，就越能够和购买者站在同一
立场。

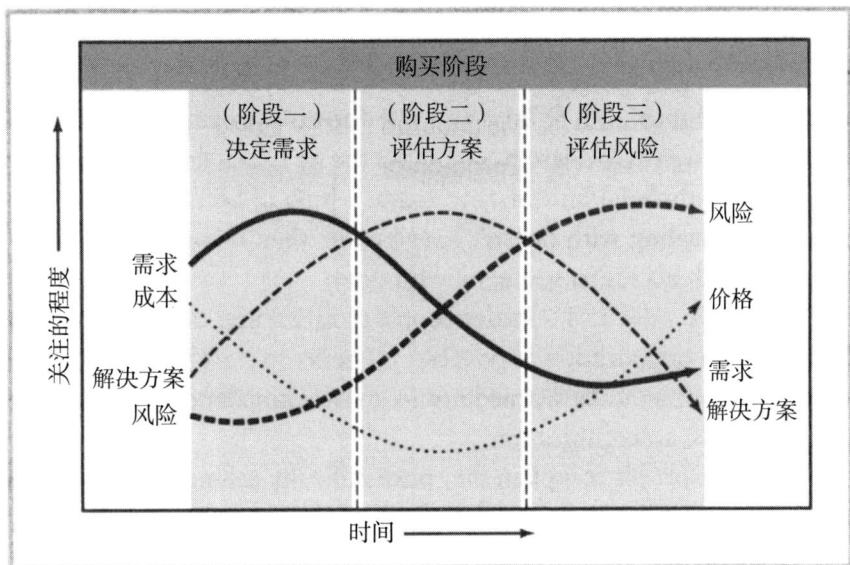

图 2.4　购买者关注点的变化

以首次购房者为例。鲍伯与玛莉是一对年轻夫妻，让我们来看看他们
在购买过程中，两人的共同关注点是如何产生变化的。

购买阶段一：决定需求。鲍伯和玛莉察觉到痛苦：他们已厌倦了付房
租，觉得还不如拿这笔钱来付房贷。

在阶段一，鲍伯和玛莉必须经历需求分析。他们列出几个重要购房需
求，包括三个房间、治安良好、上班交通时间不超过 40 分钟、有两个车库、
购物方便、学区优良等。两人全年税前所得为 11 万美元，在能力所及之内，
他们列出了自备款与每月房贷预算。标准定好后，他们便进入购买过程中
的第二阶段，开始比较与评估各种选择方案。

　　购买阶段二：评估方案。在阶段二中，鲍伯和玛莉思考哪栋房子最适合他们的需求和预算。评估选择方案、比较和选购是正常的购买行为。毕竟，聪明的购买者必须确保自己买的是最合适的产品或服务，在本例中，这对夫妻必须买到最适合的房子。

　　对于首次购房者，这是段难熬的过程。他们会遇到许许多多切合需求的房屋。看房子时，他们眼见各种机会，会备感兴奋。这是相当情绪化的时刻，很容易忘却原本设定的预算。我们常常听到进入阶段二的购买者表示："没错，我们有一笔预算，但就算超出预算，我们也要满足一切需求。"对于销售人员而言，此时听到这些话似乎很不错，但要小心，阶段三来了。无论购买者在第二阶段如何强调价钱不是问题，到了阶段三，价格一定都会是个问题。这是购买者所经历的心理过程的一部分（见图 2.4 的阶段三）。在阶段二里，购买者需要从 A、B 或 C 中选出最适当的一个。此时销售人员（如房屋中介）一定要和购买者（鲍伯和玛莉）站在统一战线。让购买者在阶段二进行比较，如果有必要，可准备好进行构想重塑。我们将在第 8 章详细介绍构想创建，在第 10 章介绍构想重塑。

　　在阶段二的尾声，购买者的行为正趋于变化：他们开始关心风险问题。他们的肢体语言和行动可以显示他们已进入阶段三。

　　购买阶段三：评估风险。采取行动的后果是什么？鲍伯和玛莉购买新房后，情况会如何？他们最主要关心的是什么？风险。他们开始质疑自己的决定。他们可能会提出以下问题：保证期免费退款值得信赖吗？如果我们不满意测量结果，或出了什么问题需要维修，会不会发生诉讼而产生费用？诉讼费用会有多高？我们是否付得起？我们目前的工作是否有保障？如果两人之一发生任何事情，是否还付得起每月贷款？

风险导致决策过程变慢，甚至完全不做决定。此时，销售人员常常在莫名其妙的情况下就丢了生意。也许本来成交可能性很大，只因为对于客户身处的风险阶段不甚了解，而且没有站在同一立场，因此会说错话、做错事，眼看煮熟的鸭子就此飞走。

那么，价格呢？这对夫妻之前说过价格很重要，但如果能买到理想的房子，多付点钱也没有关系。现在为什么不这么想了呢？为何到了最后关头，又想要议价？答案是，他们必须这么做，因为他们现在身处购买过程的第三阶段，此时风险与价格是最主要的考虑因素。

这个案例的重点在于，无论你销售的是什么，你的购买者都会经历各个购买阶段，而且他们的关注焦点也随时间在变化。销售人员一定要先知道购买者处于哪一阶段，然后再根据购买者当时的考虑来调整销售做法。

解决方案销售原则——成功销售公式

成功销售公式：痛苦×权力×构想×价值×控制=销售。在销售过程中，要随时监督公式中的每项变量。因为这是一项等式，如果等号左边有任何一项为零，则右边的销售成绩也会是零。

- 痛苦：购买者是否已承认痛苦？
- 权力：购买者在决策方面是否有影响力与权力？
- 构想：购买者是否认同销售人员提出的解决方案构想？
- 价值：提出的解决方案中，是否有显著价值？是否引起购买者共鸣？
- 控制：销售人员是否能控制购买流程？

此销售公式能让你快速找出有效销售机会，评估成交的可能性，并且帮助你管理销售漏斗，以完成预测的销售额。

第 3 章

销售流程

解决方案销售研究显示，绝大部分销售人员及其公司未使用共同的销售流程。在当今复杂且竞争激烈的销售环境中，这一点着实令我感到惊讶。我们的研究还显示，若在公司范围内采用销售流程，那么个人与公司的销售绩效都将大幅增长。无论对于个人或公司，销售额突然间增加超过 15%都是件不寻常的事。但是，当公司里每个人有了共同语言，且遵循相同流程进行销售之后，销售额通常会变得非常可观。

我一开始也像多数"雄鹰"销售人员一样，对于销售流程一词感到不屑一顾。我认为所谓的流程，只是工程师或生产制造人员所使用的技术罢了，对我这位超级销售明星而言是不适用的。然而，早在 1984 年，我了解了销售流程的真正内涵及功能，从此以后，我的世界完全改变了。

　　那一年，我负责对来自软件行业的 400 名销售人员进行培训和发展，我面临的挑战是提升公司现有销售人员的销售能力，将公司新购入的产品和服务销售给他们不熟悉的行业。这些销售人员之前所从事的，是向金融服务业主管销售财务软件。这些客户都知道我们是业界龙头，而且也很快便了解到我们现有产品与服务的性能。但是如今，我们将新客户锁定为制造业，产品与服务的重点则放在制造业核心业务自动化及产品制造的方法上。当时，一般将这种自动化称为物料需求计划系统（Materials Requirement and Planning System，MRP II System）。这对我们的销售人员是一个巨大的挑战，因为我们的销售人员对制造业完全不了解，对于我们新购入的产品与服务更是一无所知。

　　首先出现的问题是他们对这项工作是否能胜任，其次要担心的则是从何下手。我的第一反应是，若能重新培训一批销售新手，将会容易得多，但这是不可能的事。我必须培训公司现有的销售人员，设法完成任务。

　　一开始，我向 400 名销售人员传授我认为他们应该了解的一切行业相关知识，并且辅以完整的产品培训。很快，我发现我没有足够的时间或金钱支持这么做，而且销售人员也没有耐心学完这一切。还好，我遇到一位之前在制造业有销售经验的顾问，他建议我采用另一种做法。他要我先教会这些销售人员，关于购买者最初想要购买制造系统的原因及他们购买的方式，然后再将我们产品与服务的性能对应客户购买过程中遇到的问题。起初，我还觉得这个做法好像太简单了，但我尝试后，居然奏效了。多亏这个做法，我们迅速让绝大多数销售人员准备就绪，开始将公司新购入的产品与服务销售给从未接触过的新行业。更值得欣慰的是，这个做法让公司业绩暴涨，成为当时全球最大的独立软件公司。

什么是流程

从定义上来看，一套流程是一连串系统化的行动，或者是为达到某一结果而采取的一连串明确的、可重复的步骤。若能遵守这些步骤，便能逐步达到预期结果。

日常生活中充满各种我们自己未曾察觉的流程：我们所开的车是利用制造流程生产或组装而成的；我们身上穿的衣服、住的房屋，甚至吃的食物，都使用固定流程生产出来，以确保其品质与一致性。

销售工作也是如此。销售是一连串明确的、可重复的步骤，如果持续照着步骤善加运用，就能导致预期结果。而未遵照一系列步骤的销售努力，常常会得到不满意的结果。

销售流程将这些能够提升销售产能的端对端步骤加以说明并记录，它为流程中的每个步骤提供架构。一套优秀的销售流程能让你识别、分析、审核与衡量销售机会，然后决定下一个销售步骤。一套优秀的销售流程与购买者如何购买紧密联系，而不是与销售人员想要如何销售相联系。

为何要有销售流程

简单地说，销售流程为销售活动中的每个人提供一份销售漏斗路径图，指引他们走上成功概率最大的道路。毕竟，现今的销售活动很少由一人单独完成，无论你的销售周期是一次性交易还是长期的一系列事件，情况都一样。对于要做什么，以及何时去做都能心知肚明，才是销售成功的关键。

销售流程对个人与公司的好处是：

- 明确成功概率最大的下一个销售步骤。
- 诊断并纠正个人与团队的销售缺陷。
- 更明了地评估销售的进展情况。
- 更好地预测销售额。
- 为所有参与销售的人员提供共同语言。
- 管理客户的期望，增进整体客户满意度。
- 更享受人生。

销售流程要素

销售流程五大要素包括：

1. 客户购买流程。

2. 与购买流程一致的销售步骤。

3. 在每个销售步骤中，让销售人员知道自己是否取得成功的可验证结果。

4. 协助完成每个销售步骤的辅助工具。

5. 用来评估与强化流程的管理系统，该系统同时可以确定成功的概率。

图 3.1 是解决方案销售流程要素的金字塔。

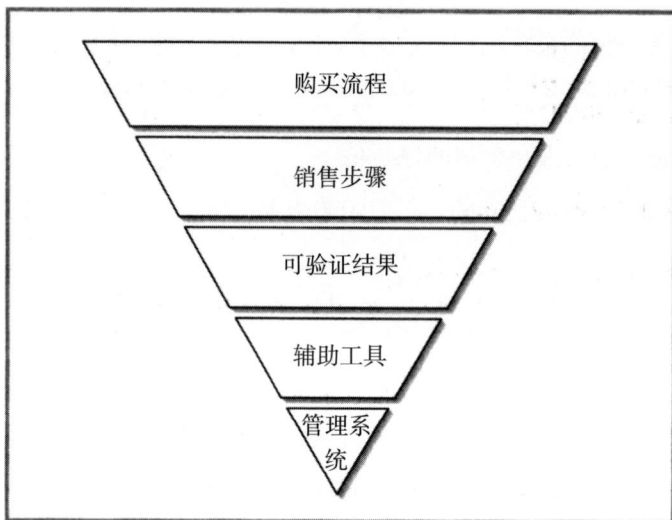

图 3.1　销售流程要素

🌀 确定客户的购买流程

优秀销售流程的基石在于知道购买者如何购买，而非公司或个人想要如何去销售。如果我们不确定自己的潜在客户如何购买，那么我们就会自己做出假设，而无法和购买者站在同一立场。不能与购买者站在同一立场，是销售最重大的错误之一。

除此之外，也请记得，客户也许会同时拥有多种购买流程。

举例来说，他们购买日常商品的方式可能与购买战略性商业应用咨询和服务的方式完全不同。 为解决这个问题，销售型组织必须调整其销售流程，以符合客户的各种购买流程。

🌀 确定销售步骤

销售流程的第二项要素，是根据购买者的购买流程来制定销售步骤。

这一点不容轻视，因为未与购买者站在同一立场，是销售失败的罪魁祸首。解决方案销售的研究显示，销售人员在不了解客户购买原因和预期结果的情况下擅自行动，其失败率超过 50%。

制定可验证结果

在你的销售流程中，每个步骤都应该有可衡量与验证的结果。对于某一步骤是否完成，不应存在模棱两可的态度。举例来说，对有购买权力的人士进行业务拜访时，你的销售流程可能会要求销售人员致信确认客户同意评估你的产品。一套优秀的销售流程可以利用可验证的结果来评估每个步骤的成效，并评价销售人员的进度，像这封确认信，就可以用来检查或证实验证结果，而它通常也透露了购买者的行为。

使用辅助工具

根据购买者的购买方式，销售人员所采用的销售活动可能需要用到专门的知识和技巧，才能促进销售步骤顺利进行。此时，一些专门的辅助工具可以提供帮助。举例来说，如果购买者需要销售人员帮助确认购买这个产品或服务的价值，则销售人员必须满足购买者的要求，提供包括拟定业务方案、投资回报分析或价值分析（Value Analysis）等。此时，一份模板或空白表单就可作为辅助工具。我的许多客户都开发出在线销售工具应用库，帮助他们的销售人员在实施解决方案销售流程时更加顺畅。

建立销售管理系统

开始时，我们并未将销售管理系统纳入销售流程环节，因为我们不认为这属于一线的销售活动。但这么多年来，我们的经验和客户帮助我们了解到有效管理在销售流程中的重要性。有效的销售管理系统能够监督、管理并维持销售流程的完整性。相关活动包括销售漏斗与机会评估、个别机会确认与分析、销售人员个别辅导、销售收入预测与报告。

两种销售流程模型

在解决方案销售中，我们使用两种不同的模型来阐明销售流程。它们各自代表不同的流程进行方式：步骤流程模型（Step Process Model）从购买者角度出发，而销售流程模型（Sales Process Flow Model）则是从销售人员的角度出发。倘若没有路径图辅助，则不容易和购买者站在同一立场。接下来，让我为你说明这两种模型。

📶 步骤流程模型

每当要做业务简报或讨论一项正在进行的销售时，我就会使用步骤流程模型，因为我可以在仅占一页纸的表格中就看到所有的销售观点（见图 3.2）。

在图 3.2 的解决方案销售的步骤流程模型中，销售流程是以购买者的购买方式，即购买流程为基础的。在图 3.2 中，在解决方案销售的步骤流程项目之下，列出了七项步骤流程，为让此例更具深度，我还列出了每项步骤流程中常见的销售活动。在解决方案销售中，我们将销售周期中各个关键点称为里程碑。

客户购买流程					
发展业务策略 确认采取行动	确定 需求	评估可 选方案	选择 方案	解决问题 正式签约	执行与评 估成功

解决方案销售的流程步骤

区域	合格的潜 在客户	合格的 支持者	合格的权 力支持者	决策 定案	等候 结案	成交

分派区域

销售流程里程碑和可验证结果

	合格的潜在客户	合格的支持者	合格的权力支持者	决策定案	等候结案	成交
	• 满足市场 标准 • 建立初步 联系	• 支持者承认 痛苦 • 支持者同意 继续协商 购买 • 支持者同意 引荐权力 支持者	• 与权力支持 者会面 • 权力支持者 承认痛苦 • 权力支持者 有具有价值 的购买构想 • 提出评估 计划	• 评估计划 谈判 • 提案前评审 • 请求业务 商讨提案	就合同进 行谈判	书面签约
	发现潜在 支持者	在支持者信函 中就上述事项 达成一致	就评估计划 达成一致	收到口头 支持		

工作辅助工具

	合格的潜在客户	合格的支持者	合格的权力支持者	决策定案	等候结案	成交
	• 关键人物 表 • 痛苦链 • 业务发展 提示卡 • 参考案例 • 价值主张 • 创造焦虑 • 机会评估 • 竞争策略	• 九格构想 创建模型 • 痛苦表 • 客户拜访 提示卡 • 支持者信 函	• 九格构想 创建模型 • 痛苦表 • 客户拜访 提示卡 • 权力支持 者信函	• 步骤完成 信函 • 过渡计划 • 痛苦链 • 价值验证 /分析 • 成功标准 • 提案前审 查	• 付出/得到 清单 • 谈判工作 表 • 立场	• 成功标准

管理系统

	10%	25%	50%	75%	90%	100%

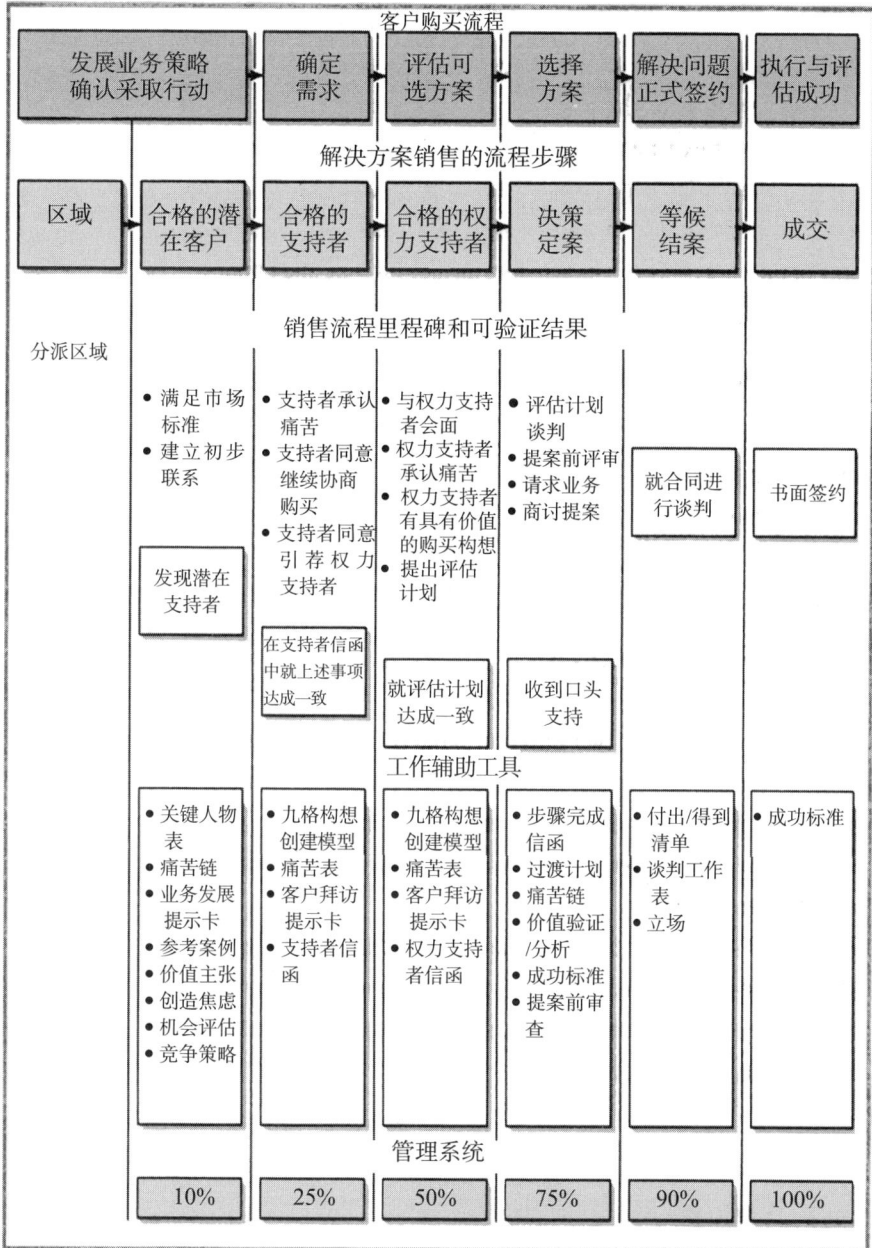

图 3.2　解决方案销售的步骤流程模型

现在，请看图 3.2 中的可验证结果。可验证结果帮助我们确认在每个销售步骤结束之际可做到的事项或结果。举例来说，如果销售人员已完成审核权力支持者的步骤，则可验证的结果为双方同意评估计划，也就是说，这名销售人员和购买者都同意评估这项解决方案，而评估流程将直通签约的最终结果。

在图 3.2 中，你还会注意到，每个步骤都可使用特定的解决方案销售工具。这些销售工具，我们会在本书中详加介绍。

在图 3.2 最后，与管理系统连接，让你能够追踪某个销售机会的进度。解决方案销售的步骤流程模式中，每个步骤都是可以衡量的，而且，通过明确的里程碑与里程碑的达成概率，便可协助提升销售预测的准确性。

现在，你不妨花点时间研究这个步骤流程模式，问问自己，如果一切销售要素都已帮你列出，你的销售业绩是否能再提升？

多数人的答案都是"是的"。那你还等什么？从今天就开始采用这个模式吧！

解决方案销售流程模型

解决方案销售流程模型可帮助销售人员学会解决方案销售流程。我个人很喜欢采用销售流程模型，因为它能帮助我看出自己所在的位置，以及在此销售机会上如何采取下一步行动。请参考图 3.3 的解决方案销售流程模型，它是从销售人员角度出发的解决方案销售流程。

从现在开始，我将会使用销售流程模型（Sales Process Flow Model）（见图 3.3）来说明解决方案销售流程。

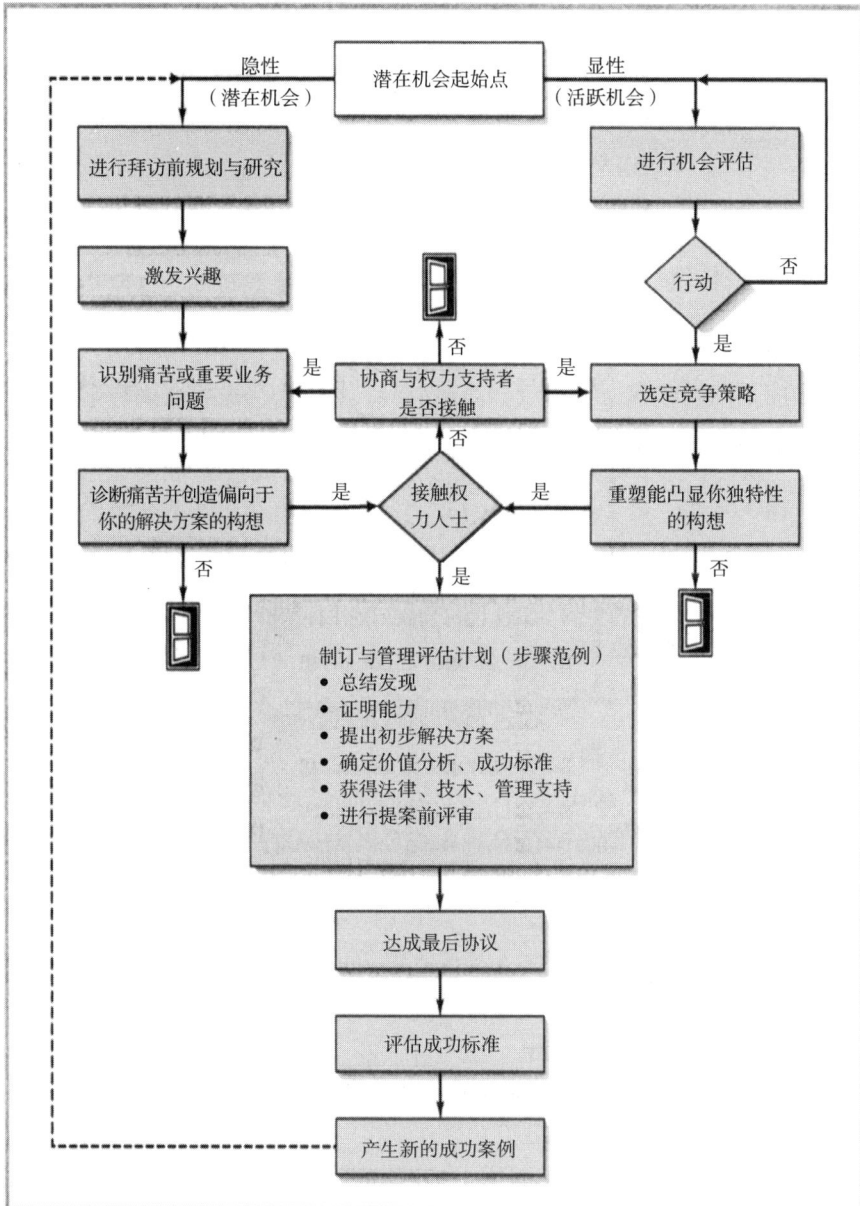

图 3.3　解决方案销售流程模型

解决方案销售的销售流程

　　销售机会有两种，一种是购买者尚处于潜在痛苦时，销售人员就需要主动发掘；另一种是机会送上门来，销售人员再采取行动。这两种销售机会的起始点截然不同。关于这两种起始点，以及销售人员分别在销售流程模型中应采取的步骤，我稍后会详加说明。然而，为求本章内容平衡，我先个别简短介绍。

　　从顶端开始，整个销售流程模型分为两部分：左边是潜在机会（人们尚未向你或他人采取积极的购买行动），右边是活跃机会（人们已经开始考虑购买，且对于需求已拥有构想，而你很可能不在此构想当中）。我先从潜在机会开始介绍。

潜在机会

　　本书的第 4~8 章，我会针对购买者尚未采取积极主动购买的潜在机会，详加说明每个必要步骤。你将了解到如何通过拜访前规划与研究来找出销售机会所在，当面对那些无意购买或至少无意向你购买的人，你会学到该如何开发并激起他们的兴趣。开发客户的方式有很多，包括使用业务发展脚本、参考案例、价值主张等工具。等到谈及流程中的各个阶段时，我会举例说明如何激发购买者的兴趣。

　　在你让购买者产生兴趣之后，你需要定义他们的痛苦或重要的业务问题，然后加以诊断，并设法创造构想，让对方看出只有你提供的独特的产品或服务才能帮助他们解决问题。这能凸显你所提议的解决方案的排他性和独特性，其内容可能包括多项产品或服务，甚至可能包括合作伙伴与战略联盟等。

下了这么多功夫之后，你一定要知道和你接触的购买者是否具有最后决定购买的权力。如果没有，你必须协商接触能够最终决定采购的人。不过，如果与你接触的购买者有权做决定，那么你便可直接进入下一个步骤。

一旦你接触到决策层，就需要发展一套评估计划。这让双方（销售人员与购买者）能够按照一定的框架逐步达成共识，然后让销售过程随之推进，直至最后签约。此时若能在销售流程中注入优秀的项目管理技巧，便能帮助你建立在购买者面前的信任，并增加成功的概率。

你应该发现，销售流程并未因为客户履行合约而立即宣告终止。在销售流程模型中，你必须依据先前双方协商的各项标准进行评估，这些标准称为成功标准。你必须持续进行评估，确认你的产品与服务确实对客户业务产生正面影响。然后，有了这些正面结果，你便能更好运用客户成功的案例，进一步开发额外的销售机会，无论是在该客户内部环境中，还是对于全新的客户。一旦你评估了这些正面因素，你才能确认自己是否真的为客户提供了解决方案。别忘了本书第 1 章中为解决方案下的定义：解决方案是双方在认定的问题上，找出达成共识的答案，而且这个答案要能提供可衡量的改善之处。

🔊 活跃机会

请回头看图 3.3 中此模型右方的活跃机会——不是由你一手创造出的机会。这些机会可能来自客户某次主动来电询问，或者是正式的征求建议书（Request for Proposal，RFP）或信息征求书（Request for Information，

RFI）。重点在于，这是购买者主动发现你的。我会在第 9 章与第 10 章中介绍此内容，这两章讲述你是否应该全力竞争与争取，或者从中抽离、寻求更有希望的机会等。你将学会如何评估机会、选定适当竞争策略，并做出是否行动的决定。通常最佳做法是选择不蹚浑水，这是个困难的抉择，尤其是你或你的公司业绩尚落后于预定目标时。

如果你自信可赢得这笔生意，则你必须重塑购买者现有的构想，设法与对方权力人士接触，控制整个购买流程，并为你独特的产品建立起价值。

接下来将进入本书的第 2 篇"创造新机会"。我们会先探究拜访前规划，然后再讨论该如何激发兴趣、诊断痛苦与创造构想。

第 2 篇

创造新机会

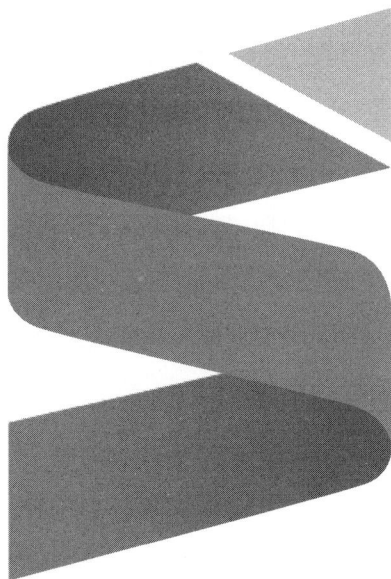

第 4 章

拜访前的规划与研究

请先做个练习。想象你目前正在为一个销售机会而努力。然后，拿出来一张纸，在上面画一条水平线，在水平线的最左边写上"开始"，右边标上"结束"。现在，在这个销售机会里，在你认为目前所处的进展点上标记"×"。然后，在销售经理认为你目前所在的进展点上再做个记号。如果其中牵涉到技术专家或销售支持人员，则同样请他们在其认为的你所在的进展点上分别标上记号。如果有业务伙伴牵涉其中，也请做个记号。最后，最重要的是，在客户认为你所在的进展点上标注一个字母"C"。

每个人所认定的进展点都不相同，同样的机会大家都有不同的想法与观点。因此，要正确追踪某一销售机会的进展变得极为困难。在销售周期中，我们需要定义清晰的确认点或里程碑，来帮助我们跟踪进度或了解进度的落差。

本书中我们应用里程碑原则。在第 4 ~ 13 章，我们会利用解决方案销售的流程模式图来追踪销售进度（在本章标题旁的图中，黑框代表本章在销售流程中的位置，从图中可看出，流程模式显示所有的销售机会分为两个起始点。其一为潜在机会（左边），其二为活跃机会（右边）。

本书第 2 篇论述那些处于潜在痛苦中的购买者与销售机会，也就是针对那些所谓没有寻找解决方案的客户。其中，第 4 ~ 8 章说明创造新机会的做法与技巧。至于争取活跃机会的做法则留到第 3 篇再进行说明，特别是第 9 ~ 10 章。

对于大多数销售人员与企业来说，他们最大的成功机会在于那些没有寻找解决方案的客户的潜在机会当中。但具有讽刺意味的是，这也是销售人员花时间与精力最少的领域。我坚信，主动创造新机会是多数企业的命脉。毕竟，有多少企业能仅仅靠现有客户而生存呢？无论你和这些客户维持多久的往来，或是多深厚的关系，世事难料，情况都会改变的。最大的问题是：在开发新机会方面，你该如何发力？你该从何处下手？我建议你从拜访前规划开始。

拜访前规划

多数销售人员通常都会被分派一些区域、细分市场，或者确定其所负责的具体客户的行业。销售工作就是要调查了解所负责的区域，并创造新的销售机会。图 4.1 说明了这样的概念。

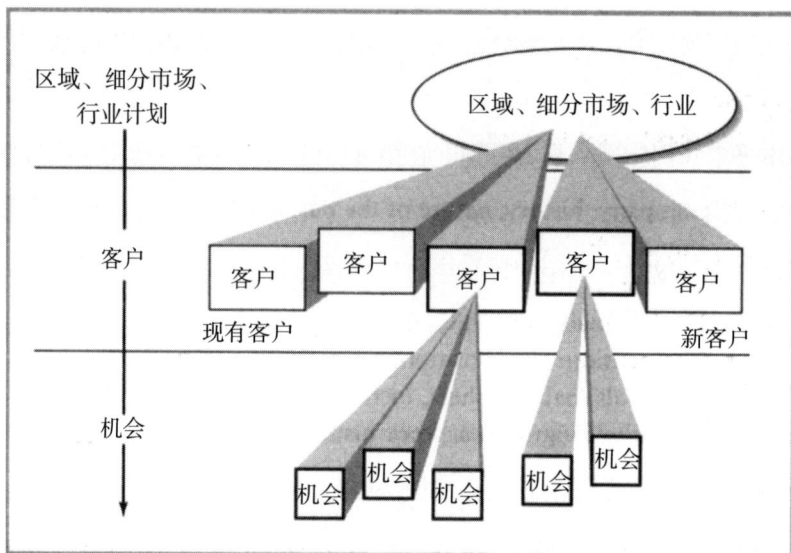

图 4.1　通过规划找出机会

　　负责大客户的销售人员可能有多种机会。相反，如果你所负责的客户
类型属于中小型，则机会可能不多。无论客户类型与机会多寡，首先要做
的，就是找出你可以帮现有客户解决的特定业务问题。图 4.1 的目的在于
说明，无论你的销售环境结构如何，一样处处存有机会，而拜访前规划可
帮你识别机会之所在，以及如何把握它们。

📶 与管理层的对话重点

　　想要与对方管理层召开一次成功的会议，并进行有意义的对话，关键
在于要掌握丰富的情境知识。情境知识是通过个人经验、训练、阅读、研
究与计划得来的知识。

　　进行拜访前规划时，销售人员应该尽量找出购买者相关采购信息，与
对方高层管理者对话的重要议题。请做好充分准备，如此一来，当你拜访

对方高层管理者时，就会比较从容自信，你的成功率与销售产能也会随之提升。重要研究领域包括以下 7 项。

- 公司概况：历史、业务特性、经营宗旨、年度报告。
- 产品服务：产品描述、种类、独特性。
- 市场分析：规模、地点、趋势、成熟度。
- 竞争能力：定位、策略、比较。
- 财务状况：资产负债表、损益表、过往业绩。
- 高层背景：工作经历、教育背景。
- 重要业务问题。

与企业高层直接接触可以缩短销售机会的周期，也能提升在客户层面你能显示的可靠性。

在图 4.2 中（客户概况，以 Titan Games 公司为例），我们以这家公司为案例进行说明与研究。稍后在介绍新概念、销售工具与各种情境时，我们也会以 Titan Games Inc.（TGI）为例。客户概况中的详细信息，可让你更多了解 TGI 这家公司的背景。

🔊 针对现有客户的做法

进行拜访前规划时，请千万别忽视了现有客户，因为情况一直在变化。你得随时留意现有客户是否会为你带来新机会。毕竟，现有客户绝对是最有潜力的一个群体。另外，如果你和某位客户有过不好的经历，也别以为这位客户就不会与你再做生意。要记得，问题就是机会，这是你的客户最需要你的地方。别让一位客户对你或公司现有的观点，限制了你为他们推荐新构想的意愿或能力。

公司

　　Titan Games Inc.（TGI）有 20 年历史，专门制造教育及娱乐游戏和玩具，销售至全球市场。

产品或服务

　　TGI 所制造的教育及娱乐游戏和玩具皆由知名专家设计并认可，且符合人体工学。

市场分析

　　货架上销售空间减小，造成市场占有率下降，销售额衰退，公司竞争力也随之下降。

财务

　　因市场流失与销售额衰退。在利润大幅减少的背景下，每股盈余（earnings per share）下降而成本无法快速下降，难以维持获利。

竞争力

　　其主要竞争对手共 5 家，其中 3 家在技术方面颇具优势，可战胜 TGI 的不足之处。

经营者背景及可能的重要业务问题

　　首席执行官苏珊·布朗是 TGI 在去年每股盈余开始下降时，重金聘来拯救公司的。财务部副总裁吉姆·史密斯已在 TGI 服务 5 年。在该公司屡次未能达到年度营业收入目标，以及坏账不断增加的窘境之下，史密斯目前已无力改善公司境况。销售部副总裁史蒂夫·琼斯被公司予以增加销售收入的重大责任，但在技术有限的情况下，他手下的销售人员服务现有客户所花时间太多，无暇开发新客户。首席信息官约翰·瓦金斯受命找出改善技术的解决方案。

所需能力

　　看起来，TGI 需要设法让现有客户直接通过网络来下订单，让销售人员有时间开发新客户。

图 4.2　以 Titan Games Inc.为例的客户概况

以下为针对现有客户进行拜访前规划的重点：

- 将现有客户视为新客户，进行全面研究。

- 去除所有错误、不准确或有误解的假设。

- 发现新问题时，先寻求对方公司内部支持或获得对方公司权力支持者的支持，然后再进行拜访。

- 确保你接下来与对方公司接触时不会发生任何冲突，你必须随时谨记公司政治（Company Politics）因素。

- 别让某位客户对贵公司的看法，局限了你开发业务的广度与深度。

信息来源

包括网络在内，有许多关于客户信息的来源可帮助销售人员找出趋势与机会。在现今商业环境中，销售人员可取得的信息要比以前多得多了。

我发现，有很多销售人员认为做研究是别人的工作。这是一大错误。你必须把它视为自己的工作，并切实做好拜访前规划。如果有人能帮你，当然再好不过，但请不要推托这项职责。

以下列出部分信息来源：

- 客户企业网站。浏览客户企业网站能让你充分了解该公司的目前状况。企业网站上通常有新闻稿。就算没有其他信息，只要向客户提及他们的新闻稿内容，就能让他们知道你很在乎他们，才会在网站上搜寻资料。

- 胡佛在线（Hoove's Online）、《华尔街日报》（*Wall Street Journal*）、MSN 商业在线（MSN Business Online）、CNN 商业在线（CNN Business Online）、《巴伦周刊》（*Barron's*）、标准普尔（Standard & Poor's）金融信息、Compass 金融信息、邓白氏（Dun & Bradstreet）公司名录检索等。

- 行业期刊与行业协会。
- 年报（一定要读董事长信函）、新闻稿与年报附函等，由此可看出该公司未来一年的新动向。
- 新闻资料库与电子报。
- 美国证券管理委员会公开发行的公司申报信息（SEC filings），可找到重大且客观的信息。
- 该客户公司的股东关系部门（以电子邮件询问问题）。如果是重要的客户，你不妨成为他们的小股东，以获得股东独享的信息。

🔊 在信息中寻找什么

收集信息时，请谨记解决方案销售中"痛则思变"的原则，没有痛苦就不会有所改变。留意痛苦与重要的业务问题，以及让客户有所改变的原因。请注意表 4.1 中，在客户层面与机会层面做法的不同之处。

表 4.1　如何分析客户信息

分　　类	做　　法
客户层面的做法	• 找出关键人物 • 找出可能会出现重要业务问题（痛苦）的领域 • 设法将重要业务问题（痛苦）与关键人物相关联
机会层面的做法	• 设法让你所能提供的能力与每位关键人物及他们的痛苦相联系 • 为潜在机会创造初步痛苦链 • 锁定最可能成为权力支持者的对象 • 开发参考案例、初步价值主张 • 利用搜寻到的信息，建构一套业务发展策略（包括信函、电子邮件、电话、讨论会等）

你一旦发现相关且重要的业务问题后，就该利用这些信息进行业务发展的工作。在现有客户层面上，你的重点要放在找出关键人物与可能会出现重要业务问题（痛苦）的领域，并且设法将重要业务问题（痛苦）与关键人物相联系。在机会层面上，你得设法让你能提供的能力与每位关键人物及他们的痛苦相连接，并准备好一套合用的工作辅助工具。我还建议你在尝试开发新机会之前，先制作一个"稻草人"。

制作"稻草人"

稻草人（Straw Man）一词，你也许熟悉，也许还比较陌生。制作稻草人是指为你的潜在购买者制作一个模型或档案。它不但能帮助你和对方洽谈业务，也能在好的目标出现时，帮助你看清目标的潜力。

制作稻草人立足于过去的经验，研究与评估机会。这虽然需要预先做好功课，但若你手上有个模型，让你知道目标机会是什么样子的，则开发新机会将容易得多。你将更容易找出新机会，并为销售做好最佳准备。

制作稻草人还能帮助你发展情境知识，这是今天成功销售的关键要素。你的稻草人可以包含以下内容：

- 目标机会概述。
- 明确的市场标准（如行业、规模、营业收入、员工）。
- 关键人物。
- 关键人物的痛苦或重要业务问题。
- 与关键人物及其痛苦相匹配的产品和服务的能力。
- 为潜在机会创造的初步痛苦链。

- 目标支持者和权力支持者。
- 参考案例与初步价值主张。

解决方案销售工作的辅助工具

拜访前规划的正面贡献远比其所创造出的焦虑多，这让我想起加拿大媒体与传播专家马歇尔·麦克卢汉（Marshall McLuhan，1911—1980）说过的话："我们这个年代焦虑的原因，多半是因为企图用昨天的工具来做今天的工作。"工具——正确的工具——非常重要。使用错误的工具会让你陷入麻烦，使用正确的工具则能帮助你完成工作。如果你手上有一把榔头，那么，所有事物都会开始变得像钉子。

同样的道理也适用于销售，当你尝试开发新业务时，更是如此。在某些销售情境下，你需要在正确的时间，以正确的方式，来使用正确的工作辅助工具。解决方案销售投入了大量时间与金钱来开发工作辅助工具，全球各种类型的企业都是其受益者。我们不断和世界各地的客户保持联系，了解并确定他们正需要哪些工作辅助工具，以及哪些工具对他们来说最为有效。

在拜访前规划方面，我们就要介绍工作辅助工具，因为我们相信以终为始的工作思路。在开发新业务机会时，就应该知道该使用哪些工作辅助工具，如此一来，你才能在拜访前规划阶段收集到必要的信息。在解决方案销售中，用来协助你激发潜在客户兴趣、开发新业务机会的工作辅助工具共有四种，分别是：（1）关键人物表；（2）痛苦链；（3）参考案例；（4）价值主张。每种工作辅助工具都能帮你达成特定目的。这些最佳做法能够让你激发客户兴趣，使得开发新业务机会的工作变得更简单、更轻松，并且更成功。

🌐 关键人物表

关键人物表是培养情境知识的起点。这份表单可以帮助识别、关联和利用整个目标行业中关键人物的痛苦。这份表单同样列出那些有权影响或直接做出购买决策的人的痛苦。在考虑该拜访谁，该谈些什么时，关键人物表作用非凡。

建立关键人物表的工作主要分为三大步骤：

1. 确定行业。

2. 找出目标行业中的关键人物（只列出职位）。

3. 找出每位关键人物所面临的痛苦或可能的重要业务问题。

表 4.2 为制造业关键人物表示例。若你负责的行业不止一个，则你需要为每个行业及其客户或机会分别列一份名单。

表 4.2 以制造业为例的关键人物表

关键人物（职位）	可能的痛苦
首席执行官（CEO）	• 没有达到投资的期望 • 股票价格下滑 • EPS、股东价值降低
首席运营官（COO）	• 运营费用增加 • 利润率下降 • 无法达到生产效率目标
首席财务官（CFO）/财务副总裁	• 现金流量下滑 • 投资回报率（ROI）和资产回报率（ROA）下降 • 利润下降

续表

关键人物（职位）	可能的痛苦
首席信息官（CIO）/信息技术副总裁	• 无法满足用户对技术的需求 • 无法跟上技术的不断发展变化 • 实施新技术困难重重 • 缺乏资源
销售副总裁	• 无法实现销售目标、新客户销售目标 • 无法精确预测销售收入 • 客户满意度下降
制造副总裁	• 无法满足制造和发货时间要求 • 库存水平很高 • 缺乏对设备的资金投入
工程副总裁	• 无法及时将新产品投放市场 • 设计费用不断提高 • 无法制订新产品计划

我们建议由市场营销人员协助建立关键人物表，特别是对于那些公司最为重视的垂直市场。在理想的情况下，企业应该拥有完整的资料库，其中包含各目标行业的关键人物表，而表单所附带的行业趋势、市场反馈与销售人员意见等信息都会定期更新。关键人物表要涵盖销售人员在正常销售情况下可能接触到的人员的所有相关职位信息。想想看这种信息与知识为销售人员带来的力量。你一旦完成这项研究工作，而且知道有哪些人员及其痛苦是什么，你就会更加自信，知道该拜访谁，以及有哪些重要业务问题可能和那些高层主管相关，如首席执行官（CEO）、首席财务官（CFO）、首席运营官（COO）、首席信息官（CIO）及遍及整个公司和集团的各级经理。

　　确定关键人物表后，便可将每位关键人物的痛苦关联起来。我之前提过，企业内相互依赖性的情况不可避免，这可从痛苦链中看出，而痛苦链可帮助你正确锁定目标机会。

📶 痛苦链

　　爱德华兹·戴明（W. Edwards Deming）博士堪称"质量管理界的大师"，也是最早倡议全面质量管理（TQM）的先驱。他发展出几套商业理论，其中之一就是组织互相依赖关系。他提到某些关系有较高程度的互赖性（相互依赖）。举例来说，保龄球队中，队员间的互相依赖性就很低，每位球员独自打球，等到最后把大家的总分加起来即可。反之，管弦乐团就是个互相依赖性极高的例子，如果某位铜管乐手走调，或是打击乐手拍子不对，将会影响整个管弦乐团的演奏质量和效果。

　　戴明认为，企业互相依赖性甚至比管弦乐团还要高，我也认同这一点。举例来说，当产品生产发生延迟，未能赶上客户要求的发货日期，此时会发生什么事呢？客服部将会接到大量不满的客户来电。市场占有率开始下滑，目标收入也许无法完成，整体士气衰落，盈利开始下滑。换而言之，企业内许多人员与部门都会受到负面冲击。这是因为组织互相依赖性很高的关系。了解了这个道理之后，我们开发出了一套名为痛苦链的销售辅助工具。它掌控了这种互赖性的精髓，并帮助销售人员在整个公司和企业层面识别和解决问题（见图 4.3）。

　　我最喜欢的一句话是："一图胜过千言万语。"痛苦链以非常简单的字句，用图形刻画出关键人物和他们的痛苦、问题的原因，以及这些痛苦对组织其他人员所造成的影响。

职称：首席执行官
痛苦：每股红利下滑
原因 A：获利减少

职称：财务副总裁
痛苦：获利减少
原因 A：未完成新客户销售目标
原因 B：营运成本增加
原因 C：坏账增加

职称：销售副总裁
痛苦：未完成新客户销售目标
原因 A：销售人员花太多时间服务现有客户
原因 B：营运成本增加
原因 C：坏账增加
原因 D：转介业务不足

职称：首席信息官
痛苦：现有系统无法满足销售部需求
原因 A：原有系统无成长性
原因 B：不兼容的资料库限制了信息的获取
原因 C：手动流程

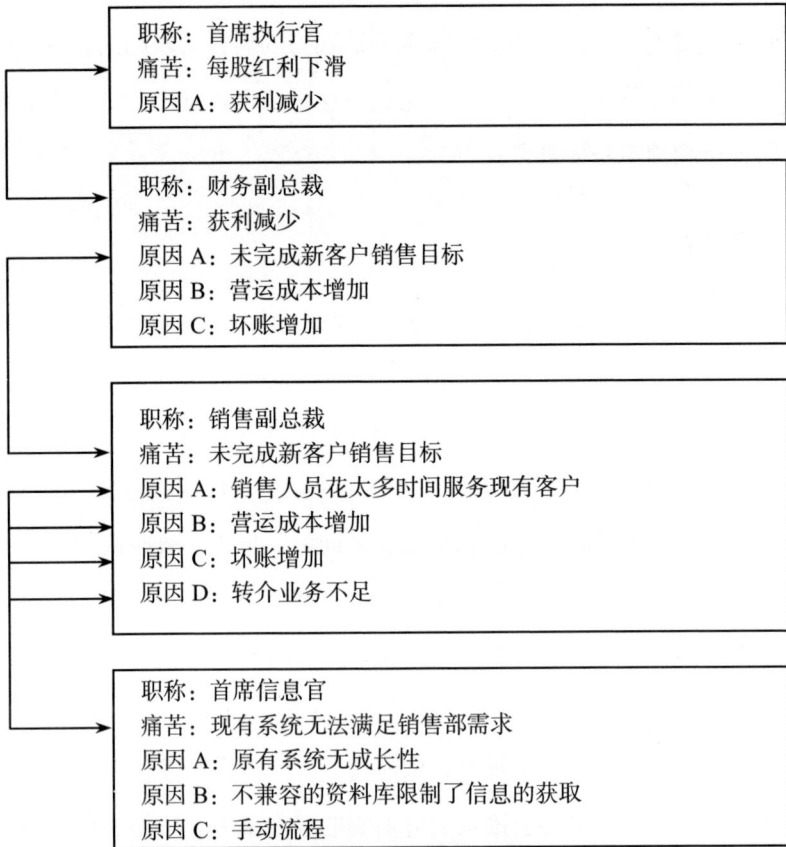

图 4.3 痛苦链示例

在购买者眼中，使用痛苦链的销售人员显然比较了解客户的业务，因此比其他竞争对手更具有优势。你能想象一位销售人员走进会议室，向客户展示图 4.3 这类图，然后问大家：这个图是否正确描述了目前情况？别忘了，这张图显示了每位关键人物的痛苦和痛苦的原因，以及对公司内其他关键人物的影响或关联。我可以想象这种情况，因为我常常看见它发生，而大家的反应与达成的结果皆超乎想象得好。通过这些做法与工作辅助工具，你可以有效地进行差异化的比较。你为客户创造与确认痛苦链的能力，正显示出你完全了解他的业务环境。客户会尊重这一点。

如何使用痛苦链。痛苦链并非组织结构图。看起来有些类似，但目的极不相同。痛苦链追溯整个组织的痛苦流向。一般来说，某一层级的痛苦会变成另一较高层级的痛苦原因。虽然不一定有直接关系，但通常它们的关联性都很密切。痛苦链是一份鲜活的文档材料，一旦掌握了更适合或相关的信息，就要随时更新。

痛苦链通常在销售周期中三个关键点上使用。

1. 开发新销售机会之前。痛苦链是通过拜访前规划分析或市场营销人员早期与对方接触情境的描述而形成的。

2. 开发新机会时。通过将先前情境而发展出的痛苦链作为起始点，成为销售人员了解整个公司的销售漏斗图。等到销售人员对于潜在客户了解更多之后，可证实或更改痛苦链中的信息。在与潜在客户制定构想时，可将痛苦链流向信息作为影响对话的基础。

3. 确认销售机会。在销售周期的尾声，销售人员已经与几位关键人物会面。此时，常会产生以下问题：销售人员应该将销售重心放在谁的身上？痛苦链能够回答这个问题。销售人员还可以着手描述痛苦链中每位关键人物能得到的收益与价值。对于那些只会谈论自己产品的销售人员而言，这种做法让他们更有信心。痛苦链提供了一份销售路径图将销售人员的产品和服务与高层级的业务问题联系起来。

参考案例

参考案例是关于第三方的成功案例。参考案例详细描述你如何帮助相同职位的人解决类似的问题，潜在客户也可能遇到类似的问题。

　　图 4.4 是一个参考案例的示例，可以将此案例讲述给 TGI 的销售部副总裁。这个案例同样是关于一位大型制造公司的销售副总裁的。

状况	制造业公司销售副总裁面对的特殊问题，您可能会感兴趣。
关键业务问题	他的重要业务问题是没有实现针对新客户的销售目标。
原因	客户必须直接向销售人员下订单，但是销售人员将所有的时间都用在为现有的客户提供服务上，而没有开发新的客户。
能力（时间、人物、事件）	他说他需要一种新的方式，让现有的客户可以通过互联网直接下订单，这样销售人员就有时间去开发新客户。
我们提供了……	……这种能力。
结果	在过去的六个月中，现有的客户所下订单的 96% 是通过互联网进行的。销售人员的客户数量增加了 10%，总的销售收入增加了 6%。

图 4.4　参考案例的示例

　　一段设计得体、说明清晰的参考案例，能够迅速让你在潜在客户心中得到信赖；激起对方和你进一步合作的兴趣；让对方敞开心扉，与你谈论他在公司里正面临的重要业务问题。

　　参考案例可以帮助销售人员提供实例，说明潜在客户所在行业的其他公司是如何因为执行销售人员所提供的解决方案而受益的。潜在客户就算未面临相同问题或痛苦，处境也应该极为类似。

参考案例并非冗长描述销售人员是如何帮助其他客户的，而是提供简明扼要的实例，重点放在其他客户如何利用你所提供的能力，而成功地解决了某个业务问题。如果你的潜在客户感兴趣，则有以下几种情况：他可能承认痛苦或将你介绍给其他部门，或者，你会发现此名潜在客户已经有了一些解决方案的构想。此时，你和他的会话内容将进入构筑构想的阶段（建立构想或构想重塑）。

建立容易查询的参考案例资料库。 在最理想的情况下，公司应将全部有业务往来的每个行业的各级客户信息都留存在完整的资料库中。这些参考案例详细描述了客户的历史背景，供销售人员随时查询。

我有许多客户都建立了电子资料库，供销售人员开发潜在客户时使用，其中不乏 IBM、Lotus 软件开发公司，以及微软等知名企业。这些工作辅助工具包括客户概况、关键人物表、痛苦链与参考案例等。这类资料库应该在一个销售型组织内部广为流传，因为某位销售人员的成功事迹，可以成为其他销售人员的参考案例。

价值主张

价值主张（Value Proposition）可能是业界常被滥用的词语。似乎每个人都使用这个字眼，宣称自己提出了某种价值主张。过分使用的后果，造成了购买者的抗拒心态，以致使提案丧失其预想的用途。再加上部分企业与销售人员使用毫无价值的价值主张，让问题更加复杂化。

我所说的"毫无价值"，是指在所谓的价值陈述中，找不到可量化的数字或金额。举例来说，"若能使用我们这套先进的软件，将能帮助你使运营更有效率，并节省大量金钱"或"本公司是汽车行业的电子零件龙头供应商，因此我们是最安全、最可靠的选择"。这些都属于毫无价值的价值主张。

在解决方案销售领域中，价值主张要很简单、清楚地陈述价值，它针对特定的目标客户，直接说明解决业务问题后可量化的利益，以及解决问题所需的投资金额。

举例来说："我们相信，如果 TGI 能投资 115 万美元，使用本公司的电子商务系统达 3 年时间，让现有客户能够自行下订单，并让销售人员有时间开发新客户，则每年营业收入应该可以增加一成，相当于 1 000 万美元的营业收入与 320 万美元的净利润。"

价值主张模板。这个模板很直接地表达价值主张，内容如下：

我们相信，如果［客户名称］能投入［金额］使用［产品、技术、服务等解决方案］，便能拥有［什么］能力，让［改善目标］增加/减少［多少］。

利用之前成功合作的客户的资料，将他们的项目成果改成符合新客户的状况，为新客户预测新的结果，这就成了一份新的价值主张。图 4.5 显示了价值主张的构建方式。

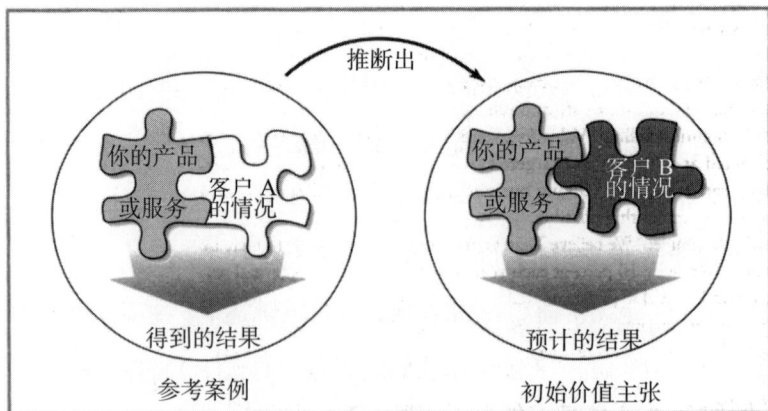

图 4.5　价值主张构建方式

　　有些价值主张中的价值与投资额是一个范围而非精确数字。例如："投资 50 万 ~ 80 万美元，就能让营业收入增加 10% ~ 15%。"

　　如何使用价值主张。价值主张是一段陈述（而并非向客户保证什么），说明通过执行你所提供的特定能力或产品，能让潜在客户获得怎样的潜在量化利益（价值）。价值主张的目的在于引起对方的好奇，作为推动销售周期展开的催化剂。想要创造一份价值主张，销售人员必须知道其他客户因为使用他的产品或服务而获得价值的经验。价值主张和参考案例一样，可通过电话、面对面、电子邮件或直接营销活动来进行。

　　只要对潜在客户稍加研究，就可找到包括年度经营收入、员工人数、成本、获利能力、利润等数据。然后，你就可将这些数据带入以前客户的实际结果，为新客户估算出预期的结果。请注意，你的价值主张的描述应该以"我们相信"为起始句。换言之，价值主张是根据你们自己的研究与观点。现在谈结论还为时尚早，因此你得根据自己的观点来预测结果。等到实际诊断了问题、经过验证后，你的客户才会拥有属于他们自己的价值主张。

　　如果你的估算是正确的，而且提出的预测结果很吸引人，则潜在客户没有理由不听你的。如果对方提出质疑，这也是好事。他可能会问："你是怎么算出来的？你是根据什么来估算的？你为什么认为我们会达到这样的结果？"这表示你已经达到激发对方兴趣的目的，现在，你可以更详细地和客户讨论合作的可能性了。

　　价值是销售中相当丰富的成分，即使处于开发客户的早期也不例外。价值能协助激发客户的好奇心与兴趣；价值能够让潜在客户由对你的产品缺乏兴趣变为对你提供的能力极度好奇。人们常常使用"价值"二字，却难以清楚地说明。在解决方案销售理论中，我们对价值的定义是：

$$价值=总利益-总投资$$

这表示价值是可被量化的。销售人员不能仅使用这两个字，然后让潜在客户自己思考究竟价值是什么，销售人员一定要将价值量化。

价值循环周期

解决方案销售关于价值的哲学思想是，价值不只是个名词，它是销售流程中每个步骤不可或缺的部分。我希望销售人员能在销售流程展开之初，就以价值为导向，因为它有助于获得与激发购买者的兴趣。进入诊断与评估阶段后，要针对价值进行验证。等到进入最后签约阶段，也要以价值来成交，因为它能赐予购买者采取行动的动力。用价值评估成功标准，以确保实际成功，并且将评估结果应用于未来的客户开发等销售活动中。解决方案销售的价值循环周期如下：以价值为导向，验证并确认价值，以价值成交，以价值评估成功。

以价值引导。进行拜访前规划与研究，向客户提供一份展现自信、切中目标的初步价值主张，这才能激发客户对你产品的兴趣。

验证并确认价值。诊断初步价值主张背后的重要问题，将你的能力所能提供的解决方案量化。这是将初步价值主张（你自己认为可行）转化成正式价值主张（客户认为可行）的过程。还能发展成更广义的价值主张（涵盖其他受益客户）或广义价值分析（甚至正式的投资回报率分析）。

以价值成交。利用正式价值主张为客户提供行动的动力。当客户真正了解你的解决方案所带来的价值后，他一般不会和你讨价还价。周全的价值分析能帮助购买者与销售人员了解不采取行动的确切后果，因此，客户才会产生采取行动的动力。

以价值评估成功。确保客户得到他所预期的结果，以价值评估成功让你能够将正面结果应用于其他销售业务上。我们之前曾将解决方案定义为：在客户认定的问题上，找出达成共识的答案，而且这个答案要能提供可衡量的改善之处。其中涵盖采取解决方案之前（基准）与之后的结果。量化的价值能够帮助你确定基准与最终结果，以确保解决方案的实际效果。

读书笔记

第5章

激发兴趣

　　激发兴趣是最重要的销售技能之一。但令人感到意外的是，它是发展最不完全且受人误解最多的技能。当销售人员被要求开发新客户时，我们很自然地会找个可能会购买的对象（最好是我们认识的人，这样压力会小一点），然后展开销售。我们绕过了激发兴趣这一环节，销售才是我们的工作职责而非激发兴趣，至少有很多销售人员都这么想。激发兴趣是别人的工作，它是市场营销部门的工作，或者属于负责开发业务的电话营销人员的工作。我们可是有销售目标任务需要完成呢！

　　在销售工作上，完成或超过销售目标才是最重要的事，很少人会在这一点上有争议。如果我们无法完成自己的销售目标，有时就会责怪他人。

销售人员无权责怪他人，不可以说："我未完成本季销售目标，都是因为市场营销部门没有尽力。"我们不能以此作为借口，你也不能只当事后诸葛亮。请老老实实地面对问题吧！你自己完成销售目标才是最重要的事，因此，你必须自己进行激发潜在客户兴趣的工作，让各个处于销售流程管道中的销售活动尽快展开。我会在本章介绍这方面的必要技巧与销售辅助工具。

客户开发的基本原则

在解决方案销售中，开发客户是关键的销售技能之一。提到开发客户，许多人不免心生许多负面印象，我相信你也会有同样的反应。有一天，当我在吃晚餐时，却接到一个推销电话，这个人销售的是百科全书。我的反应当然不是："哦！我真高兴你打电话来。我正考虑要买一套百科全书呢！"我的反应一点都不友善。事实上，这名销售人员打扰我和家人共进晚餐的时光，这使我相当反感。你一定也有过类似的经历，应该能体会这种感受。

解决方案销售在开发客户上有一套独特的做法，我们将开发客户定义为：激发兴趣，或是为你的产品、服务创造客户需求的能力，而不是去寻找那些正在积极购买的人群。你周围有多少销售人员能真正做到这一点？

🔊 开发客户与意见征询

开发客户和意见征询之间存在着极为重要的区别。开发的工作让目前对你完全不感兴趣的客户，在你的激发与创造之下，变得很有兴趣；意见征询则是找出原本就有意购买的客户。两者都是重要的销售活动，但各自需要不同的做法与技巧，其中，意见征询几乎不需要任何事前训练。

意见征询可以帮助你在积极寻找的客户中找出机会，而开发客户则帮助你在潜在客户的领域中掌握机会。有很多销售人员在与潜在客户接触时，会问："你是否在市场中正在留意××？""你是否有意购买××？"他们以为这就是开发客户的工作。从解决方案销售的角度来看，这都是属于意见征询范畴——只是询问对方意见，而非真正探索机会。意见征询没有什么不对，但你何必使用最有利的资源，只进行简单的资料收集工作呢？每位销售人员都应该具备开发客户的技能，有能力激发对方对你的销售的兴趣。

创造兴趣与好奇并避免紧张

解决方案销售利用痛苦来开发客户与激发兴趣。如果你是一位销售目标没有完成的销售人员，你会不会想知道别人（同部门的同事）是如何面对这项挑战的呢？同样的状况也适用于其他职位的人员。当你设法创造兴趣时，请先把重心放在创造好奇心上面，不要急着要求对方立即采取行动。销售人员常常迫不及待地要客户了解他们的公司、倾听他们的产品、确定会面时间、掏钱购买。这样反而制造出紧张气氛。销售人员无权要求对方采取行动。先要让潜在客户感到好奇，让客户有兴趣询问和学习更多内容。

为客户开发预留宝贵的时间

这是销售人员需要遵循的重要原则。我使用"宝贵"二字，目的在于强调，没有其他事情会比客户开发更为重要。如果有两位销售人员具有相同的销售技能、售卖相同产品或服务，那么哪一位销售业绩会比较好呢？我相信一定是在他的销售漏斗中拥有最多机会的那一位销售人员业绩会更好。

我有一些企业客户要求他们的销售人员预留开发客户的时间。无论他们的销售人员在哪里工作——隔间座位、家里或开放式办公室，他们都会保留一段时间来进行客户开发的工作，而且这并不违反规定。在此期间，他们不用开会，也不会受打扰。我有家企业客户的销售人员会在他们的隔间座位入口处挂上旗子、窗帘甚或浴帘。其含义相当清楚：开发客户中，请勿打扰。每个人都会尊重这一点的。

要花多少时间来进行客户开发会比较理想呢？答案要视你的销售漏斗、市场及在一个销售区域中的销售经验而定。如果销售漏斗里充满许多不错的机会，则我建议花约 10%的时间来进行客户开发，其中也包括上一章里提到的拜访前规划工作。另外，如果销售漏斗状况不佳，则需要花更多时间。其实，花 10%的时间也只能维持现有销售漏斗。不过，如果大多数销售人员都能拨出 10%的时间从事真正的客户开发工作，那么销售团队的销售漏斗也能保持良好状态，想要完成季度任务或年度任务就容易得多了。

我还建议销售人员应拨出大量时间来进行客户开发，不要将时间分割。如果开发工作过于零散，如一天一小时，到最后会很容易忘记这件事情。有时候，"要事"一出现，则客户开发工作就被搁置下来。如果一次安排 4~5 小时来从事客户开发工作，就很难会忘记去做这件事情。

🔊 锁定高层

我建议你将开发对象锁定在组织中职位较高的人士，大多数情况下高层会授权，推荐职位较低的负责人与你接洽，你也会比较容易被其接受，而且还可以先得到高层主管的支持。

　　我曾在第 2 章中提到过，许多销售人员抱怨，要与高层管理者接触是相当不容易的事。对于许多销售人员而言，这种层级已超过他们所处的舒适区。你可以利用拜访前规划，利用我在第 4 章中介绍的销售辅助工具，然后不断加以练习，来克服这种不自在的感觉。

　　无论你是开发新客户，还是从现有客户中找到新机会，直接与"C"级主管［首席执行官（CEO）、首席财务官（CFO）、首席运营官（COO）、首席信息官（CTO）等］接触，都能大幅缩短销售周期，并增加成功概率和销售产能。你必须学会如何直接向"C"级主管进行业务拜访。

　　雄鹰级销售人员会习惯性地拜访这些高层主管。你可以先进行周全且专业的研究，了解这些"C"级主管的背景、职责与痛苦，当你和他们会面时，才能掌握有效的信息。锁定高层，准备好和高层管理者进行对话，这是销售人员工作的一部分。

🔊 试验新做法

　　人们做事常会一成不变，让工作变成一种例行公事与习惯。请避开用你所知道的"正常"开发客户的方法来思考，客户开发不一定只是打电话。

　　如果你的做法无效，不妨尝试不同的做法。我最近遇到一位销售人员，他坚称我们的客户开发模式无效。细问之下，我发现这名销售人员利用同一个业务发展脚本，打了 100 多个电话，完全收不到成效。请用常识想一想，这就像用鱼饵钓鱼一样，通常你得尝试不同的鱼饵，最后才会知道此地的鱼喜欢吃哪种饵。同样的道理也适用于客户开发——多试试各种开发方法、不同的业务发展提示卡、业务发展信函、初步价值主张与参考案例等。

📡 谨记 SW 准则

SW 准则是说："有些人愿意，有些人不愿意，那又怎样？还有别人在等着呢！"开发客户是一种数字游戏，饱受痛苦折磨的职业人士与公司占大多数。如果你被拒绝，请别沮丧，还有别的客户在等着你。并非每个人都会对你所提供的产品或服务感兴趣，所以，不要认为客户的拒绝是针对你个人而来的。开发客户时，脸皮最好厚一点。如果你脸皮太薄，最好垫厚一点！我知道这些话也许听来陈腐，甚至令人厌烦，但请承认吧！开发客户的工作的确需要不屈不挠的心智。销售一定都与数字有关。有些人会变得感兴趣，有些人则不会。那又怎样？还有别人在等着呢！

开发客户的方法

销售人员需要克服的一大障碍，就是他们对客户开发工作的负面看法，以及认为客户开发应该是别人负责的心态。我常常在研讨会中询问参与者："当你使用客户开发这个词语时，第一个浮现在脑海中的想法是什么？"第一个说出口的答案一定都是"电话销售"。并非所有客户开发工作都得通过电话进行。我同意打电话是很好的客户开发方式，但并非是唯一的途径。在此介绍几个开发客户的方式与途径，如运用人际网络、研讨会、展览会与其他市场营销方面相关的活动。

📡 运用人际网络

人际网络是志趣相投的人用来彼此帮助的非正式系统，这对销售人员而言非常实际且很重要。在今天这个相互连接、共同合作、公开分享的时代，如果销售人员尚未参加任何人际网络活动，就应该赶紧加入。

人际网络中可利用的资源包括：

1．现有客户。利用目前的客户资料库来找出未来的机会。在开发现有机会的同时，就应开始留意下一次机会。别害怕询问现有客户是否有其他额外问题。

2．推荐。可能你没有充分挖掘现有客户，包括请现有（满意的）客户帮你介绍新客户。我们有很多客户会借着参加研讨会、专业会议与用户小组研讨的机会来结识同行。在利益不冲突的情况之下，请他们帮你介绍可能对你有兴趣的公司内外人士。

3．行业协会。这些组织的目的在于让会员彼此分享行业趋势、行业业务问题与科技相关话题。认识某人或成为某协会会员，是接触潜在机会的宝贵渠道。销售人员常会认为自己不属于这类团体，这是不正确的想法。积极参与，你会发现它能带来丰富的生意机会。

4．社交活动。别忽视工作环境以外的场合。在社交场合中，人们会比较开放、轻松。想一想，你在社交活动中，是否常常被问及你的工作与职业？

解决方案研讨会

还有一种方法，是邀请所有志趣相投者参加解决方案研讨会。这类研讨会的重点放在如何解决业务问题，而非销售或推销产品。它将带领参与者进行以下步骤：

1．简短介绍自己的公司。

2．提出你认为参与者所面临的最重要的几个问题。

3. 请参与者补充你未提及的问题。

4. 请参与者将所有问题依好奇程度排列。

5. 利用参考案例模式，描述你以前曾如何帮助其他人解决这几个首先面临的问题。

6. 如果可以，请说明或示范这些能帮助客户解决问题的产品或服务。

7. 分享以往客户所取得的成果。

研讨会的目的在于激发兴趣，因此，请鼓励参与者在会后索取额外信息。

◎ 贸易展览会

设想有两个不同目标购买群的展位。展位一锁定有远见（先驱）的购买群，展位二则锁定较为保守（跟随）的购买群。

针对先驱者，你应举办一个科技展来展示你的产品，并且将重点放在产品的科技优势上，同时，对于那些你认为可能会对业务面感兴趣的科技爱好者，也要设法和他们的业务线价值相配合。

至于跟随购买群，选择举办一些高层主管会参加的活动。做些不一样的设计：产品展示不用过多，将展位内容重点放在相关案例、价值主张与客户名单上。与人谈论业务问题，强调你的产品能力如何帮助解决某一业务问题，并随时准备谈论与业务相关的参考案例，提供证明。

业务发展提示卡

第 4 章介绍了几个销售辅助工具，其中包括关键人物表、参考案例与价值主张，这些都可在激发兴趣时使用。在解决方案销售中，业务发展提示卡也是在激发兴趣方面极有价值的销售辅助工具。

业务发展提示卡可用来帮助你在潜在痛苦客户中创造新机会。业务发展提示卡可以通过邮寄、传真或电子邮件来发出，在电话中谈论，在面对面的销售会议中使用，随信函寄送，或者用于任何地方举办的贸易展会。这份销售辅助工具的设计目的在于创造好奇，而非销售任何产品，它有消除双方压力和隔阂的作用。它的唯一目的，就是让人对你曾经如何帮助同行解决类似问题产生好奇和兴趣。

📶 3 种业务发展提示卡

业务发展提示卡的使用方法很多，主要有以下 3 种方式：（1）用于新机会；（2）利用菜单方式开发新机会；（3）客户推荐方式。

📶 用于新机会

业务发展提示卡要描述你的产品或服务可以解决的可能较高频率出现在客户那里的问题。你只须简单询问潜在客户或购买者，他们是否有兴趣深入了解。此阶段并没有给客户施加直接购买的压力，现在介绍你提供的产品或者服务还言之过早。

图 5.1 是一个用于新机会的业务发展提示卡。假设潜在客户是我们的虚拟制造公司——TGI 公司的销售部副总裁。根据你的拜访前规划，你已知道该公司管理层未完成上一季的盈利预期，公司里每个人都闷闷不乐，首席执行官心情更是糟糕。你从销售部领导开始下手。

姓名	我是比尔·哈特。
公司	在_____［销售公司］工作。
开场白	我们以前没有交谈过，但……
行业技能	我与玩具制造公司有 8 年的合作经验。
职位技能	我从贵公司其他销售主管处听闻几个重要问题……
痛苦	由于新业务发展成果不佳，所以未能达成销售收入目标，这让他们感到相当沮丧。
我能帮忙	我曾多次帮助我们的客户解决类似问题。
你是否有兴趣	你是否有兴趣知道详细情况？

图 5.1　业务发展提示卡：新机会

　　好的业务发展提示卡会针对特定人群、工作内容及业务问题特别地设计。换言之，如果你拜访的是一位医生，就与他谈论其他医生可能遭遇的业务问题。如果你拜访的是银行总裁，就和他谈谈你以前曾如何帮助另一位银行总裁解决过类似问题。你必须做出明智的假设来创造出提示。以下我列出几个关键要素。

　　你的姓名。报上姓名，以及你希望对方如何称呼你。只要陈述事实即可。当然，你还得根据每个国家的文化来做调整。在北美，只要报上事实，创造可信度即可。

　　如果这是你第一次与对方通话，而且你不认识对方，你可以说："我们以前没有交谈过……"如此一来，对方不会一直费心猜想是否认识你，也就不会一直回想是否曾在名片盒中看过你的名字，反而可以专心听你讲话。

你的公司。只提公司名，不提产品。专心建立可信度，以显示与其他公司的销售人员的不同之处。

具体说明你的行业与公司能提供的能力。说明你的公司立足该行业已有多久的历史，以建立专业性。

对方的职衔。让对方知道你了解他们在工作上遇到的问题，以及你曾经与他们的同行有过合作经验。

痛苦。善用购买者所属行业中发生率极高的常见问题，将痛苦与工作职位相结合。

邀请进一步详谈。邀请购买者深入了解。你可以问："你是否有兴趣知道详细情况？"理想的回答是："是的，我有兴趣。请多告诉我一些。"这正是业务发展提示卡的目的。

请注意，这是个问题解决的情境，需要传达问题与解决方案的信息。对话最后，我们不会这么说："你想不想知道更多？""我们是否能见面详谈？"你已经达成你的目的：自我介绍、强调你拥有解决相同问题的经验与专业知识，而且你已告诉对方你曾帮助别人解决某一重要业务问题。现在，就全看潜在客户如何回答这个问题："你是否有兴趣知道？"

你可能会得到各种不同的答案。对方可能说"好"，然后你便可选择改日会面，或者继续通过电话说明；对方可能说"好，但现在不适合谈"，这时你可能会被介绍给对方公司里其他受此问题困扰的人员，或者你得主动征询这个信息；对方也可能说"不用了，我没有兴趣"。

如果销售副总裁正面临你在业务发展提示卡中所提到的问题之一，则他很可能有兴趣想知道更多。当你制定业务发展提示卡时，专业情境知识很有用。你在每个市场的经验越多，你的业务发展提示卡精确度也就越高。

利用菜单方式开发新机会

销售人员在业务发展提示卡中列出的可能性较高的问题不止一个，而是很多个。我将此称为痛苦菜单。图 5.2 为痛苦菜单方式的说明之一。

姓名	我是比尔·哈特。
公司	在_____［销售公司］工作。
开场白	我们以前没有交谈过，但……
行业技能	我与玩具制造商有 8 年的合作经验。
职位技能	我从贵公司其他销售主管处听说的前三个重要问题是……
痛苦	（1）未能达成销售收入目标；（2）无法准确预测营业收入；（3）客户满意度下降。
我能帮忙	我曾多次帮助我们的客户解决类似问题。这些客户包括 Alpha Toys、Universal Computers 及 HandyMan Tools 等。
你是否有兴趣	你是否有兴趣知道详细情况？

图 5.2　业务发展提示卡：菜单方式

业务发展提示卡痛苦菜单也能够展示你的情境熟悉度，而且信息接收者有机会获得更多展现和反馈。就算这些痛苦中没有一个切中要害，业务发展提示卡也能帮你建立足够的可信度，为彼此创造未来合作的机会。

📶 客户推荐方式

有时候，潜在客户和你的现有客户有业务上的往来。图 5.3 是利用推荐创造新机会的业务发展提示卡范例。

姓名	我是比尔·哈特。
公司	在_____［销售公司］工作。
开场白	我们以前没有交谈过，但……
推荐	Universal Computers 公司的销售副总裁道格·翰迪建议我与您联系。
职位技能	我曾成功帮助他处理以下问题……
痛苦	由于新业务发展成果不佳，所以未能完成销售收入目标，这使他感到相当沮丧。
我能帮忙	结果非常成功。
你是否有兴趣	你是否有兴趣知道详细情况?

图 5.3　业务发展提示卡：客户推荐

这些提示成功帮助了无数销售人员开发业务。我们的客户表示，他们利用这些业务发展提示卡，在首次与客户接触中就使其客户感兴趣的概率达到 30%～70%，而在使用解决方案销售之前，对方感兴趣的概率只有 2%～10%。有了如此可观的成功率，销售人员当然会更愿意多花时间开发客户，创造新业务机会。

　　当潜在购买者说"请详加说明"之类的话时，表示他有兴趣。再强调一次，初次拜访的目的，在于引起潜在客户的好奇心或兴趣，而非催促成交。一旦潜在购买者开始展现正面回应，就等于为进一步的销售流程开启了大门。

业务发展信函与电子邮件

　　业务发展信函的要素与业务发展提示卡一样。请见图 5.4 和图 5.5 中，写给案例公司——TGI 公司销售副总裁的信函内容。该销售人员采用痛苦菜单向潜在客户做介绍。

史蒂夫先生：

　　我们的公司专门通过帮助客户应用电子商务软件来增加收入。

　　我们从 1996 年就开始与制造业的公司合作，客户包括 Alpha Toys、Universal Computers 和 Handyman Tools。最近我们从客户那里听到的主要的挑战包括：

- 无法精确地预测销售收入。
- 无法实现销售收入目标及新客户的销售目标。
- 客户满意度下降。

　　我们能够成功地帮助客户解决这些问题。希望能够有机会向您展示一些案例。如果您愿意了解我们是如何帮助其他销售经理解决这些非常有挑战性问题的，请致电 555-215-1111，我将提供更多的信息。同时，我计划下个星期三电话联系您。

比尔·哈特
20××年 1 月 9 日

图 5.4　业务发展信函范例

比尔·哈特　　　　　20××年 1 月 14 日　晚上 10:06

收信人：sjones@tgi.com

抄送：

主题：后续确认

亲爱的琼斯先生：

　　我之前于 1 月 9 日寄给您的信函中，向您提到本公司已成功帮助许多资深销售经理解决了许多极为困难的业务问题。

　　我们的业务重点是，专门应用电子商务软件帮助制造业公司获取高价值，您是否面临以下问题：

- 无法准确预测销售收入。
- 未完成营业收入目标及新客户销售目标。
- 客户满意度下滑。

　　如果您正遭遇以上任一问题，那么，本公司能够帮助贵公司。若您想了解我们是如何做到的，敬请来电。

比尔·哈特

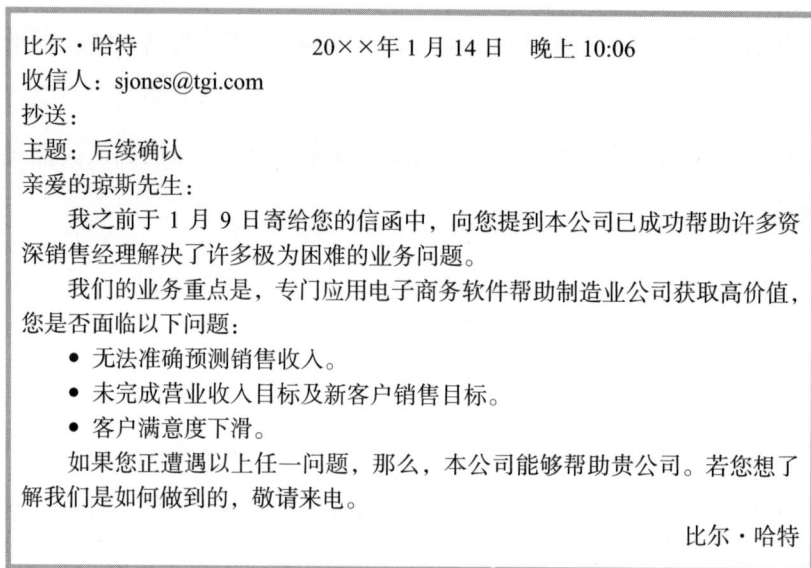

图 5.5　业务发展电子邮件范例

　　在业务发展信函范例中，这位销售人员先显示自己在制造业方面的专业知识，做法包括提及其他客户、列出三大重要业务问题，并以这些问题询问对方是否有兴趣知道详细情况。这是封简明扼要的信函，旨在引起读者的好奇心。

　　业务发展电子邮件的目的也一样，就是引起客户对你的产品或服务的好奇心及兴趣。请注意，我们只提供非常简短的公司定位介绍。这是因为，重点应该如同业务发展提示卡的菜单方式一样，分享你所听闻的三大问题，然后提及三家较为适当的客户公司。内容一样必须简明扼要。重点是让收信者做出回应，让他们产生好奇心。

　　这些信函也可作为后续确认之用，它们让你能够和对方进行多次联络。经过后续确认信函的提醒，很可能激发对方立即采取行动。也许你第一次与他们联系时，他们刚好非常忙碌，就算他们有兴趣，也无暇回复。

让我们假设，你想从那些没有主动寻找解决方案的客户中成功吸引一位潜在客户，他也产生了好奇心。你接下来该怎么做呢？解决方案销售提供一套符合购买者购买方式的销售流程。让我们赶快进入下一章，了解建议的做法。

读书笔记

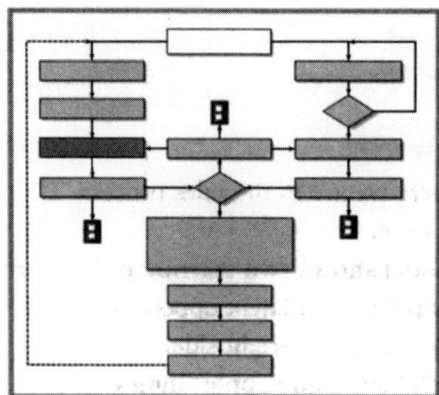

第 6 章

定义痛苦或关键业务问题

　　你正在向一位潜在客户进行初步业务发展工作（可能是面对面、通过电话或电子邮件）你应该适时说些什么呢？初次会面的目标是什么？实现此目标的最佳策略又是什么？

　　本章详述业务发展的最初几个步骤，其目的在于确定潜在客户的痛苦或重要业务问题。在销售过程继续进行之前，这几个步骤是不可或缺的。潜在客户的痛苦是整个销售流程的中心，因为，如果没有一个令人信服的理由促使对方改变，他将依然如故。还记得解决方案销售的基本原则吗？痛则思变，没有痛苦，就不会有所改变。想要达到这个目标，你需要自然建立好感，说明拜访原因，并叙述让对方承认痛苦而精心设计的第三方参考案例。

对于一个结构化的销售拜访模式，销售人员的反应很有趣。当我们开始向销售人员推广这个观念时，他们通常不认为自己需要一套结构化的销售拜访模式。很多人这么说："我并不需要知道销售拜访方面的任何信息。我已经深谙此道。使用结构化的模式就像穿塑身衣一样绑手绑脚。"然而，等到他们亲眼见到解决方案销售的结构化销售拜访模式后，多数人都改变了主意。他们发现，原来自己的做法还有很大的改进空间，就连资深销售人员也都这么认为。

我发现，许多销售人员对于客户的反应都未做好心理准备。对于你自己所采取的一切行动，你都要事先设想客户所有可能的反应。在销售拜访早期就丢掉生意机会是很有可能的。如果客户认定你不够真诚、能力不够，或者认为你和其他销售人员一样，只是想销售他不需要的产品，情况就不乐观了。客户所做的第一个决定，就是他该不该听你的，所以在此阶段，建立个人可信度与和谐关系是相当重要的。

究竟如何才能让客户愿意向陌生人透露他公司内的敏感信息呢？解决方案销售研究指出，如果销售人员能做到以下事项，则客户比较愿意敞开心扉：

- 具有可信度。
- 发展和谐关系。
- 具有信任感、真诚与能力。
- 展现情境知识。

当潜在客户认为销售人员值得信任，而且拥有能够帮助他们的知识与能力时，则会愿意讨论自己的问题。初步销售拜访中的每个步骤，都是以建立你的可信度为宗旨的。

　　在解决方案销售中，我们并不认同也不教授任何推销诡计或强迫技巧。我们不认为销售人员应该伪装自己。销售人员应该以真实的自我面貌来进行销售。在初步销售拜访中，最安全的做法便是谈论你的拜访目的，这是你想要与他们交谈的原因。业务会面能够建立和谐关系。一旦你让购买者知道你了解他们的业务，便能得到他们的尊重。建立和谐关系需要花时间。慢慢来，不要急。

　　我们开发了两种销售辅助工具，用来帮助销售人员和潜在客户站在同一立场，它们分别是客户拜访七步框架（Strategic Alignment Framework）与客户拜访提示卡（Strategic Alignment Prompter）。前者列出第一次会面的详细步骤；后者则告诉销售人员，每个步骤进行中该说些什么。多年来我们不断改进，而且经证明确实有效，不过，你自己也需要修改内容以符合你的风格和特点。

客户拜访七步框架

　　客户拜访七步框架有七大步骤。本章讨论第 1～3 步，至于第 4～7 步，在之后几章中将逐一介绍。并非所有销售情况都需要一次使用这七大步骤，解决方案销售建立这套模式的原则是，你可以根据你的行业与销售情况，决定是否省略其中几个步骤。举例来说，如果你的销售周期很短，或是通过电话来推销，可能就不需要使用全部七个步骤了。

　　与客户站在同一立场上，是解决方案销售的关键技能。若没有这项技能，生意通常会宣告失败。我们开发了这套框架，来帮助销售人员尽量和购买者适度地保持协调一致性。图 6.1 的框架，显示销售人员首次销售拜访的七大步骤，以及客户的观点和决策过程。稍后我会在销售人员比尔·哈特和 TGI 公司关键人物的对话内容中进行探讨。

🔊 客户的观点

客户拜访七步框架帮助销售人员使自己采取的行动能够符合客户的观点与决策立场。换言之，销售人员的行动必须符合购买者的购买方式。

客户观点究竟有多重要？你一定知道这个问题的答案——非常重要。销售人员为什么不多加关心客户的观点呢？客户需要做出决定，也要考虑各种选择。你说话的同时，他们正在思考：我想不想花时间听这名销售人员说些什么？此人和其他销售人员有什么不同？他是否诚恳？他是否有能力？我想不想与他分享信息？

为了让你更容易理解客户拜访七步框架，以及客户拜访提示卡的用法，接下来，我将说明每个步骤，并分别介绍销售人员的行动与客户的观点。

客户拜访提示卡

我们并非企图创造机器人似的销售人员。以下是一段建议的对话内容的提示。请留意，此范例发生于北美商业环境，客户已展现好奇心，也愿意继续交谈，而且这是第一次业务拜访。本提示随着不同的业务文化背景而需要加以修改。

销售人员的行动		客户的立场、决定
第 1 步：建立自然好感		• 我想听这个销售人员讲下去吗？
第 2 步：介绍此次拜访 • 说明拜访目的。 • 说明公司定位。 • 提供公司事实。 • 分享相关参考案例（或者目前的进展）。 • 过渡到"让对方承认痛苦"	客户与销售人员保持一致	• 这个人和其他销售人员有什么不同吗？ 　– 他是否真诚？ 　– 是否有能力？ • 我是不是准备和这个人分享信息？
第 3 步：让对方承认痛苦 • 提出情境问题（需要的话）。 • 提出痛苦菜单问题（需要的话）。 • 针对已承认的痛苦划分优先级。		• 我想承认关键业务问题 （痛苦）吗？
第 4 步：了解客户需求 • 诊断并建立基于公司的解决方案构想。 • 根据公司的差异重塑构想。 　– 先参与到当前的构想中。 　– 引入差异。 　– 判断潜在的痛苦（如果不承认的话）。		• 销售人员理解我的业务问题及原因吗？ • 这名销售人员能彻底诊断我的情况吗？ • 我应该讨论这个问题对公司其他部门产生的影响吗？ • 我认可销售人员建议的能力和带来的价值吗？ • 我想承担起解决这个问题的责任吗？
第 5 步：征得客户同意继续协商 • 衡量客户进入下一步的渴望程度。 • 如果你发现此人不是权力支持者，也没有主动提出帮助你去接触权力支持者的话，进入第 6 步。		• 我会认真地推动此事吗？ • 我是否准备好向决策者推荐这个想法？

图 6.1　客户拜访七步框架

第6步：判断购买决策权		• 我应该把权力支持者的信息告诉销售人员吗？
• "如果您觉得（重述购买构想）存在可能性，并想进一步洽谈了解，你接下来会做什么？还有谁需要加入？" • 如果是支持者，进入第7（a）步		
第7（a）步：为接触权力支持者进行协商	客户与销售人员保持一致	• 如果我相信这些能力可以满足我的要求，我愿意支持这个销售人员吗？
• "如果我能够向你证明……你愿意将我介绍给权力支持者吗？" 　— 如果客户同意，结束谈话并写支持者信函。 　— 如果客户不同意，寻找其他潜在支持者。		
第7（b）步：与权力支持者沟通购买流程		• 我真的打算透露我们的购买流程吗？ • 我同意销售人员提出的方案吗？
• "你怎样评估×××？" 　— 法律、技术、管理支持如何？ 　— 可以递交提案吗？ 　— 没有新信息！ 　— 提案前评审。		

图6.1　客户拜访七步框架（续）

📶 第1步：建立自然好感

第1步的目的是与客户建立自然的好感。为达到此目的，首先需要客户愿意抽时间倾听销售人员要说些什么。请看图6.2。

第1步： 建立自然好感	**让潜在客户来决定会面基调** 我很感谢你抽空与我会面。（解读对方是希望闲聊还是希望正式商谈。）

图6.2　第1步：建立自然好感

在第 1 步中，要由客户来决定会面或电话交谈的氛围。自我介绍后，短暂的停顿或沉默能让客户更有机会说话。此时，从客户口中说出的话才可以供你判断和参考，什么样的语气才适当。如果你不了解客户公司文化及业务模式，则你很可能会有麻烦，说不定你的销售机会将转瞬即逝，被扼杀掉。我发现最安全的做法是说明你拜访或致电的业务目的。在多数情况下，无论在何处，使用这种方法都不大会冒犯客户。

🔊 第 2 步：介绍此次拜访

第 2 步是建立你的可信度并奠定台阶，鼓励对方和你分享信息。此阶段背后的逻辑是：有付出才有所得。你的最终目的是希望客户能够敞开心扉，与你分享他们自己或所处环境方面的信息，你得先有所付出。让我们来探究第 2 步中的每项要素。

说明拜访目的。 有太多销售人员忽略了陈述会面目的这个步骤。我一次又一次见到销售人员进行首次销售拜访时，直接开始销售他们的产品与服务。客户立刻产生反感，想要逃离，并在自己与销售人员之间保持极大距离。现在开始销售为时过早。反之，你应该平静地让客户知道你的拜访目的，并先获得他的同意。

图 6.3 针对自我介绍与拜访目的提出建议。这段介绍让客户知道你的拜访目的：介绍你的公司、分享你和其他情况类似的第三方客户的合作经验，以及更多地了解客户及他所在的公司。交换信息后，你们可以共同决定是否进一步洽谈，没有欺骗、没有诡计，关注焦点就在业务问题上。我坚信每场会面（甚至包括拜访和你合作多年的客户时）都应该有一个具体的业务目的。

```
第 2 步：          说明拜访目的
介绍此次拜访  我今天前来［打扰您_____分钟］，目的是：
             ● 向您介绍_____［我们的公司］。
             ● 为您说明曾和我们合作的其他公司_____［职位及行业］。
             ● 我希望能多了解您和您的业务情况。
             ● 在目前阶段，我们将针对是否继续商谈共同做出决定。
```

图 6.3　介绍此次拜访：说明拜访目的

说明公司定位。图 6.4 说明贵公司的定位，这一点很重要，因为我们希望客户能够敞开心扉、分享信息。

如果可能，我建议你使用"我们帮助……"要记得，客户是重点所在，如果客户认为你和贵公司真诚又有能力，情况会乐观得多。你可以参考图 6.4 的说法，也可以使用贵公司经营宗旨的内容。

```
第 2 步：       说明公司定位（使用"我们帮助……"）
介绍此次    _____［你的公司名］专门帮助_____行业中各组织与企
拜访        业［简短陈述这些公司如何利用贵公司产品与服务］_____
           提供公司具体事实
           ● _____
           ● _____
           ● _____
           （请提出 3~4 项能帮助购买者确实了解贵公司的事实。另外，你
           还可以附加个人注释，也可以适当提供客户公司名或顾客名。）
```

图 6.4　介绍此次拜访：公司定位说明及公司介绍

举例来说，如果我介绍公司定位，内容应该是这样的："SPI 专门帮助客户提升个人与团队销售绩效，以达成并超越公司的销售收入与利润目标。"

提供公司事实。定位说明之后，你应该用客观的语气为定位说明提供

事实证明。此处所说的证明，就是关于你所在公司的 3～4 项数据，来支持你在定位说明中的说法。提供事实数据很重要，如此一来，你的潜在客户才能确认你说的是实话。

让我们暂停一下。你试着让自己站在客户的立场想一想。当我询问销售人员，他们对于其他销售人员为自己公司所做的定位说明有何想法时，我得到了一个预料之中的答案——不太好。如果你和大多数客户一样，那么信任一名销售人员并不容易。事实上不讲诚信的销售人员已经伤害太多的客户了。

陈述贵公司事实数据时，有个实用法则，那就是利用第三方机构的认可和评估。例如："根据《财富》杂志的报道，本公司是业界前三大企业之一。"请避免听起来过于夸张的说法（就算是事实也不例外），在早期阶段，它会伤害你的可信度。如果合适的话，可恰当地提及某些客户名字。要记得，你的目的是建立一个共同认知的基础，让客户对你产生信心，进而向你倾诉他的重要业务问题。

分享相关参考案例。步骤二接下来的部分，是以成功案例说明你和所在公司是如何帮助所在行业中类似企业解决问题的，并且分享获得的正面结果。解决方案销售将这种案例故事称为参考案例（第 4 章已详述）。展开方式及与对方分享的说法见图 6.5。

第2步：	分享相关参考案例
介绍此次拜访	你可能会对另一家_____［企业类型］的情况感兴趣。该公司的_____［职位］在_____［重要问题］上遭遇困难。他需要一个方法来_____［列出能力］。我们提供这些能力给他们，其结果为_____［具体成果］。

图 6.5　介绍此次拜访：分享相关参考案例

过渡到"让对方承认痛苦"。这是你的销售拜访中相当重要的部分，也是一个转折点。最后，也会成为让客户承认痛苦的关键（见图 6.6）。

第 2 步：	**过渡到"让对方承认痛苦"**
介绍此次拜访	我对于＿＿＿＿＿＿＿［我们公司］的介绍已经够多了。请告诉我您个人与您所处的状况。

图 6.6　介绍此次拜访：过渡到"让对方承认痛苦"

如果图 6.5 的说法不适合你的具体状况，你也可以稍加修改。案例的结构很重要，它帮助客户将别人所遭遇的类似问题和自己的情况相联系，并以量化的成果作为有力结尾。这些做法都能够帮助客户敞开心扉，承认痛苦。

图 6.7 综合整理了第 2 步的内容。它显示了如何建立自然好感。介绍拜访目的、为贵公司定位并叙述参考案例。

说明拜访目的	我今天前来（打扰您＿＿＿＿＿＿分钟），其目的是： ● 向您介绍我们公司。 ● 为您说明曾和我们合作的另一位制造业销售副总裁的故事。 ● 我希望多了解您和您的业务情况。 ● 在目前阶段，我们将针对是否继续商谈共同做出决定。
说明公司定位（使用"我们帮助……"）提供公司事实	本公司专门帮助制造业企业，大幅减少重复与人工业务相关活动所浪费的时间，让他们完成甚至超过营业收入目标，并成功降低运营成本。 本公司的客户中，约有 50 家企业名列《财富》500 强（结论：本公司与各大企业合作）。

图 6.7　第 2 步总结

	• 我们在美国及全球各地分别有 49 家与 100 家办事处（结论：本公司能提供全球资源）。
	• 我在本公司服务长达 10 年（结论：比尔·哈特很有经验，也了解自己的公司）。
分享相关参考案例	你可能有兴趣知道另一家制造公司所遇到的情况。该公司销售副总裁一直无法达成他的新客户营业收入目标。问题原因是，他的客户一直通过销售人员来下订单。结果，销售人员将所有时间都花在服务现有客户上，因 而无法开发新客户。他表示，他需要为现有客户找出一种网上下订单的方式，让他手下的销售人员能有时间开发新客户。我们为这家公司提供了所需能力，结果是，过去 6 个月现有客户通过网上下订单的情况高达 96%。这名副总裁手下的销售人员客户群规模增加一成，总收入也提高 6%。
过渡到"让对方承认痛苦"	"我对于本公司的介绍已经够多了。我想了解一下您所处的状况。"

图 6.7　第 2 步总结（续）

📶 第 3 步：让对方承认痛苦

第 2 步结束时，客户必须决定是否与销售人员分享信息。请注意，他不一定要承认自己的痛苦。当你说："请告诉我您个人与您所处的状况。"此时，你可能会得到许多不同的反应。根据对方答案，你必须决定是继续还是终止。

仔细聆听与判读客户的反应。对销售人员来说，这非常不容易。（我记得我父亲在我儿时的告诫："上帝赐给你两个耳朵与一张嘴，你聆听的时间应该是说话时间的两倍。"）销售人员常会戴上他们的"快乐耳朵"，也就是说，他们只想听到好消息。他们想要卖出产品，所以他们只注意他们想要听到的。

客户五种可能的反应。你向潜在客户叙述参考案例，并问道："我说得够多了，能否请告诉我您个人与您所处的状况？"此时，我们发现对方的反应不外乎五种，图 6.8 便是客户可能的反应示例。

潜在客户的反应	销售人员相应行动
1. "我也面临相同问题。"	诊断问题，创建构想（第 4 步）。
2. "我面临不同的问题。"	诊断问题，创建构想（第 4 步）。
3. 客户仍旧友善健谈，但未承认任何痛苦或问题。	提问情境问题，将会话重点引向痛苦。
4. 客户既不承认痛苦，也不友善，甚至还充满敌意。	询问痛苦菜单问题。
5. "我也有同样的问题，而且已经准备着手处理了。"	重塑构想（第 4 步）

图 6.8　潜在客户的反应

在第一种反应中，潜在客户说："我也面临相同问题。"正中靶心。这是销售人员最乐意见到的情况。痛苦、你希望听到的痛苦、你帮忙挖掘出来的痛苦，已经浮上台面，一个潜在销售机会已经展开。你现在应该直接进入痛苦诊断阶段，也就是我们所谓的发展需求，到最后制定出解决方案构想。

在第二种反应中，潜在客户说："我面临不同的问题。"这虽不是我们想听到的，但也属于可能使得上力的情况。潜在客户在此时自在地承认他的问题，这是件好事。你也可以进入需求发展与制定解决方案构想阶段。

在第三种反应中，潜在客户未承认任何痛苦或问题，但他仍旧友善健谈。这种情况可引出许多讨论及后续的会面。要小心，有时对方的痛苦不够深刻，无法促使他们做出改变，不要落入这种陷阱。此时的做法是，尽

量让双方会话焦点放在你能够解决的潜在问题上。有时候，询问一些情境
问题能够帮助销售人员将客户导入正确的会话方向，例如："目前，您的客
户是如何了解新产品或促销活动的呢？""当潜在客户来电询问公司销售人
员问题，你们是如何处理这个电话的呢？"这类问题能够将会话主题转入
你所知道的，而且你可以提供帮助的解决方案能力上。

第四种反应也是最可怕的反应之一，客户既未承认痛苦，态度也不友
善。此时，你可能已经尽力，而潜在客户还是不承认任何痛苦或问题。尤
有甚者，客户没有兴趣，甚至表现出了敌对态度。你是否也曾经遇过类似
情况。其实大多数销售人员都遇到过，没有人喜欢这种状态。

不过，身为销售人员，这就是你的工作。在尽可能的情况下，我建议
你设法与对方交谈。在你放弃或离开之前，给对方一份同行一般会有的痛
苦清单。对方读过清单内容后，你可以问："你是否也面临过类似的问题？"
我们将之称为痛苦清单，这相当于请对方从痛苦清单中选出一项痛苦。其
实，你没有什么损失。或者，你可以尝试更多地了解对方公司，如谁负责
管理什么等，也许你可以从中获得一些有用信息。你还是可以再回到这家
公司，并尝试从其他人身上得到销售机会。

第五种反应："我也有同样的问题，但是已经准备着手处理了。"直接
击中目标，是吗？这种情况一开始听起来很令人兴奋，但其实存在深刻的
风险。对方正面对你想要听到的问题，但遗憾的是，他们已经拥有采购的
构想了，而你之前并未参与其中。有人捷足先登，甚至有可能该公司内部
自行提供解决方案。所以要小心：还记得你未被列入对方评估表格中的首位
时，有多少胜算吗？此时，你的任务变成构想重塑，我会在第 9 章与第 10
章中详述。

图 6.9 是观察五种客户反应与销售人员可能采取的行动的另一种表达方式。

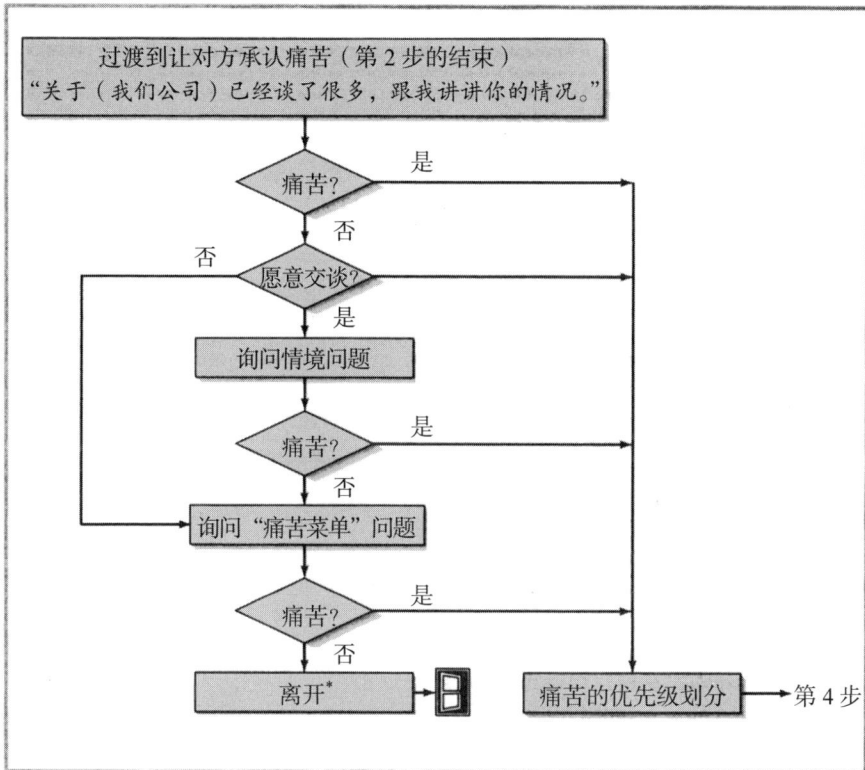

图 6.9　让对方承认痛苦的流程

*"离开"可能是指主动放弃这名潜在客户，也可能是指机会本身的流失。

针对客户承认的痛苦或问题，我们该如何处理呢？毕竟，这才是我们寻找的目标。我们可以进入第 5 步，发展需求，诊断痛苦，并制定解决方案构想。根据解决方案销售诊断做法，我们所使用的方法称为九格构想创建模型。

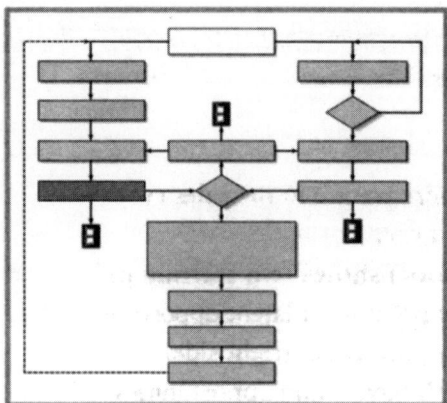

第 7 章

先诊断，后开方

　　"先诊断，后开方"是解决方案销售的原则之一，史蒂芬·柯维在他的畅销书《高效能人士的七个习惯》中，也曾描述了这样一个故事，巧妙地传达了该原则的重要性。柯维在书中提到他两岁的女儿在社区足球总决赛当天生重病。柯维与妻子和其他 6 万多位球迷一样，都很想去看比赛，但他们最后决定留在家陪伴生病的爱女。

　　当天稍晚，他们女儿的情况变得更糟糕，于是他们只好打电话向医生求助。他们的家庭医生当天出诊，于是医院将电话转给了值班的医生。有趣的是，值班医生也去看球赛了。于是他们只好打电话到球场，请球场广播让这位医生来接电话，让他们能够向其咨询女儿的病情。球赛正进行到关键时刻，值班医生正在观看球赛却被电话中途打断，当然不会太高兴，不过他还是从柯维太太的简短叙述中，了解了她女儿的症状，给出了药方并且打电话请当地药店开药。

柯维太太放下电话后，回想和这名医生简短的会话内容，开始感到不安。她不确定自己是否详细描述了女儿的症状，她觉得匆促之间也许遗漏了某些值班医生可能需要的重要信息，于是，她开始质疑整个会话内容。毕竟，对方也不是他们固定就诊的医生。

柯维太太最担心的事情是，不知这名医生是否知道她女儿只有两岁大，她自己也不记得是否在电话中提及了这一点。几经犹豫，柯维夫妇最后决定再打一次电话。他们决定再打电话到球场，请他们用广播找到这名值班医生。结果证明，他们做了正确的决定。当柯维夫妇在电话中问这名医生是否知道他们的女儿只有两岁时，对方承认并不知道，并且立刻更改了处方剂量。

这个故事给大家一个重要启示：一定要先诊断，再开方。要是柯维的女儿吃错药，那后果就不堪设想了。柯维的故事也同样适用于销售工作：一定要先诊断客户问题，然后再提供适当的解决方案。

解决方案销售原则：先诊断，后开方

经验告诉我们很多事情，但有时候，经验可能会阻碍我们前进。我还记得曾有一份追踪几百名新入行的销售人员的研究，结果指出随着这些销售新手越来越熟悉他们的产品与销售工作本身，销售绩效通常会节节攀升，士气也跟着提高。然而，进入销售行业几个月后，销售绩效却开始下滑，士气也趋于萎靡。图 7.1 显示了这种销售绩效困境。

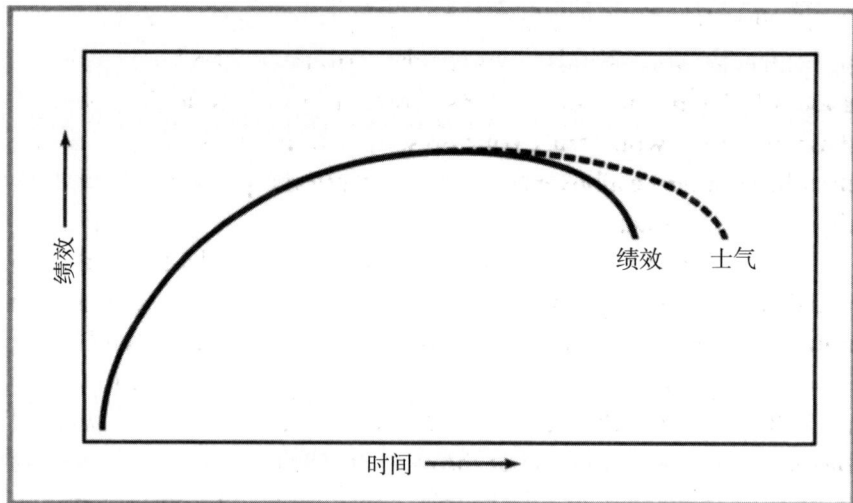

图 7.1　销售绩效长期走势

最大的问题是：绩效为什么会下滑？大多数人会认为是精力耗尽或其他动机方面的因素。不过，研究指出，问题出在行为上，是销售人员所做的事情出了问题，进一步来讲，应该是销售人员没有采取某些行动的关系。他们积累的经验越多，就可能越不询问那么多问题。新入行的销售人员刚开始对他们所卖的东西所知不多，所以被迫要问许多问题。然而，等到他们有了经验，情况就变了，而且通常是不好的改变。销售人员变成专家，他们认为自己见过这种情况。所以，当客户承认问题时，销售人员不花时间诊断，就直接开药方（告诉客户该怎么做）。销售人员的热忱与专业反而成为他们最可怕的敌人。

就如同柯维的故事中那位值班医生一样，未彻底诊断病情，就断然开药方。销售人员一定要好好地诊断你的客户的问题。如果对方不信任你的诊断结果，他们也不会信任你开的处方。可以这么说，客户对于你的处方是否有信心，和你的诊断是否正确成正比关系。

本章介绍的会话模式将帮助你诊断客户的痛苦，发现这些痛苦的原因，探究这些问题对客户公司的全体员工有何影响，并制定一个符合销售人员所在公司能力的解决方案构想。它称为九格构想创建模型（9 Block Vision Processing Model），也称为九格矩阵或九格模式，这也是解决方案销售的基础之一。

成千上万名来自不同文化与行业的销售人员、顾问与企业人士都在使用这个模式（其中包括科技、金融服务、通信、公共事业与医疗行业等）。由于它既实用又方便，许多人甚至将它用于日常生活，而不只局限于工作场合。

九格构想创建模型

情境专家与部分"雄鹰"销售人员天生就会诊断问题，并制定出客户喜欢的解决方案。他们凭直觉提出能够建立自然好感的问题，以便了解客户问题及其成因，并指引客户采用他们所提供的解决方案。至于既无天赋又缺乏情境经验的人，就需要一套销售辅助工具来帮助效仿专家的做法。九格构想创建模型能帮助销售人员做到这一点。

这是套非常直接的模式，可以有许多不同的使用方式，也很容易学会。在你使用它来进行构想创建（第 8 章）或构想重塑（第 10 章）之前，我希望你先了解模型中的会话策略。让我们在奔跑之前先学会走路吧（见图 7.2）。

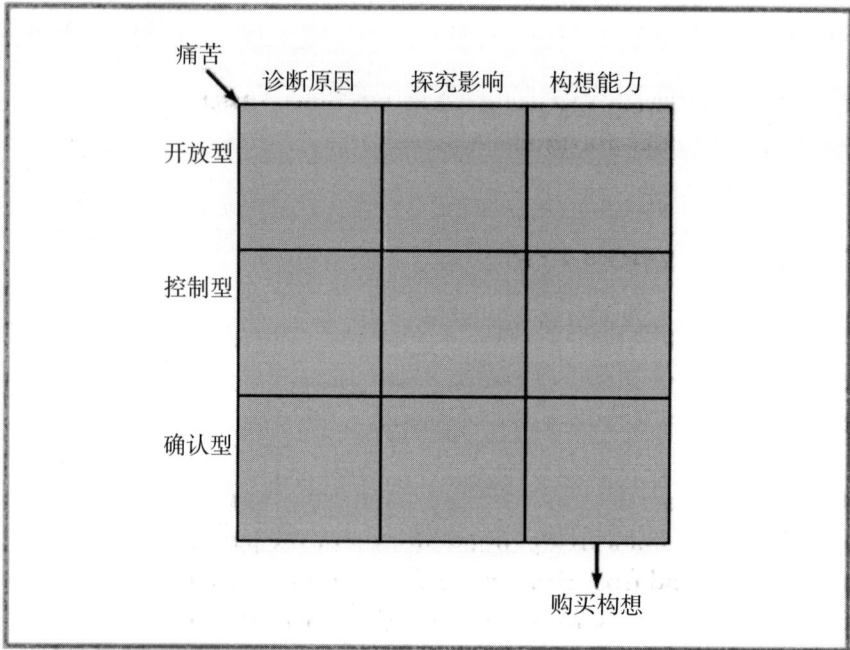

图 7.2　九格构想创建模型

第一，该模型中，使用了以下三种问题：

1. 开放型问题

2. 控制型（封闭型）问题

3. 确认型问题

第二，有以下三大调查领域：

1. 诊断痛苦（问题）的原因

2. 探究问题（对全公司）造成的影响

3. 构想需要解决问题的能力

如图 7.2 所示，将三行与三列整合后，便成为九格矩阵，这让模型更易记住，也易使用。现在，让我们详细说明这个模型。

三大问题类型

九格模式使用了三种不同的问题类型：开放型、控制型（封闭型）与确认型。我常常将这三种问题类型称为提问的规则。

📶 开放型问题

开放型问题有许多功能。它们邀请客户畅谈自己的经验、知识与担忧（最好是谈论他们所承认的痛苦），并且这类问题让销售人员可以提问控制型问题。

提出具有同情心、真诚且开放式的问题，最能让客户感到自在。客户可以用任何方式回答这些问题。客户能够展现自己的专业知识，抒发自己的感受。由于开放型问题不具威胁性，客户通常能够应答得体，若客户已经承认了痛苦则更是如此。

但是，开放型问题有个缺点。销售人员会在开放型问题中放弃掌控权，让客户能够天马行空地回答，这种情况常常发生。如果客户的答题方向与你提供的能力不相关，那么情况就不妙了。不过，在购买流程初期，让客户感到自在很重要，所以销售人员最好以开放型问题作为会话开端，例如："你觉得你遇到这样问题的原因是什么？"

📶 控制型问题

控制型问题基本上就等于封闭型问题。我们喜欢使用控制型问题，是因为控制型问题比较符合我们希望你采取的做法。封闭型问题的答案通常为简单的"是"或"不是"，而控制型问题则能问出较为完整的答案。控制型问题的形式可能是："这是不是因为……如果是，有多少？频率多高？"控制型问题引导客户走上你的诊断性会话方向。控制型问题寻求特定领域中的特定信息，它们有助于诊断、指引、发展客户的购买构想。

提问控制型问题时要特别小心，因为客户可能会感到不自在。你必须随时警惕、留意对方的反应，并根据对方的语言及非语言行为的反馈来调整做法。如果客户显出不自在的迹象，可能表示你的操控过头了。此时为了缓和气氛，你不妨再回到几个开放型问题上。然后，等到你觉得自然好感关系又回来了，再提问控制型问题。

研究发现一个有趣的统计数字。高绩效的销售人员所使用的控制型问题和开放型问题比例为 3：1；而绩效普通或低于平均绩效的销售人员所使用的控制型问题和开放型问题比例为 1：3。这说明什么呢？销售高手学会使用控制型问题来诊断问题，并且引导客户看见双赢的购买构想。

🔊 确认型问题

确认型问题则确保客户与销售人员的沟通步调一致。确认型问题诸如："根据我的理解，你的意思是……我的理解是否正确？"确认型问题总结销售人员对于客户回应的理解。销售人员展现聆听的能力、显示同理心、表现出专业水平。得体的确认型问题会让销售人员笼罩于光环之下。这让客户知道你了解他的状况。客户都希望和了解他们的人做生意。确认型问题还能帮助销售人员纠正对话中可能发生的误解，及早发现总比太迟发现要好。

三大调查领域

客户承认痛苦后，我们希望销售人员进一步调查的领域有三个：诊断原因、探究影响与构想能力。首先，你需要找出痛苦的原因。其次，必须探究这份痛苦对于整个公司有何影响。你不仅要找出谁受到冲击，还要知道影响的方式与程度。其目的是找出与这个问题相关的人员，而且越多越好。最后，了解痛苦的原因与影响后，便可制定解决方案构想——帮助客户设想，他在解决这个问题上所需要的能力。

🔊 诊断原因

当客户承认痛苦之后，销售人员必须先诊断出原因，才能进一步探究它的影响，或者尝试创造解决方案构想。图 7.3 显示销售人员如何通过开放型、控制型与确认型问题来诊断问题原因，图中加黑部分就是此时应该专注的领域。

第一格：开放型问题，痛苦原因。在模型中的第一格，销售人员的工作便是使用开放型问题问出痛苦原因。例如："请告诉我，是什么原因让你无法……"

这种问题能鼓励客户多去谈论他们遭遇问题的原因。有些客户会事无巨细地加以描述。不过，多数客户此时只会提供笼统的信息，迫使销售人员不得不使用控制型问题来进一步了解情况。

第二格：控制型问题，痛苦原因。在第二格中，销售人员必须诊断问题原因，并且尽可能地评估痛苦程度。你可以在此格中建立你个人的可信度，以及你所提供的价值。如果与客户建立了自然好感与足够的信任，客户通常会回答销售人员的控制型问题。多数销售人员会将诊断问题的时间放在此格中。毋庸置疑，这是整个模型中最重要的一格。诊断原因的问题范例为："这个（痛苦），是不是因为××？还是因为××？""这个（痛苦）让你付出什么代价？"

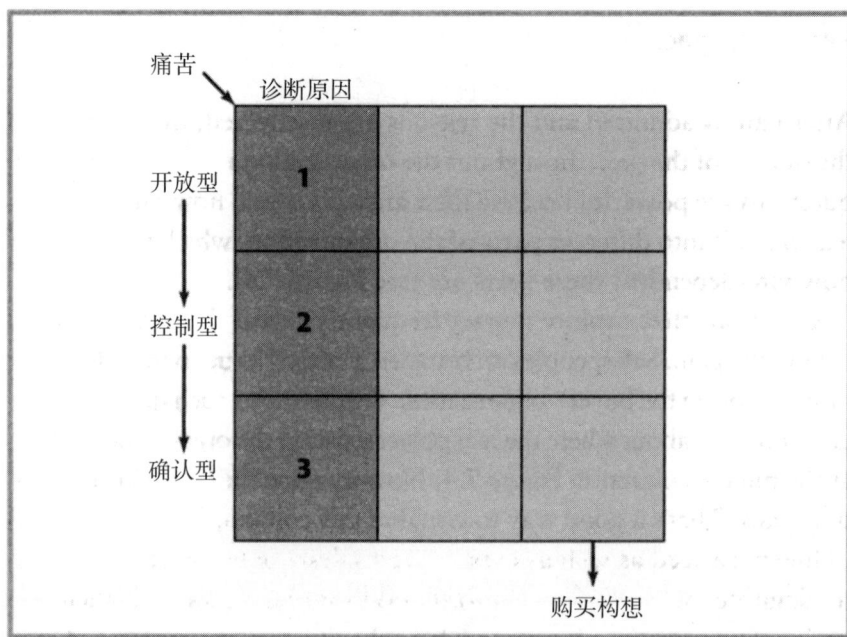

图 7.3　诊断原因

　　第三格：确认型问题，痛苦原因。在第三格中，销售人员的工作是确认客户之前的答案，以便和对方站在同一立场。你必须让客户觉得你很有耐心，愿意聆听细节。你要让客户知道，你真的了解他们的问题，这一点很重要。想确认答案，你可以说："那么，据我的理解，你痛苦的原因是××，对不对？"

🔊 探究影响

　　客户承认了痛苦，原因也被找到后，便要探究这项痛苦对整个公司所
造成的影响和冲击。影响方面的问题效力很大，因为通过答案能得知问题
延展到公司其他部分的程度，也表露了互相依赖的程度（见图 7.4）。

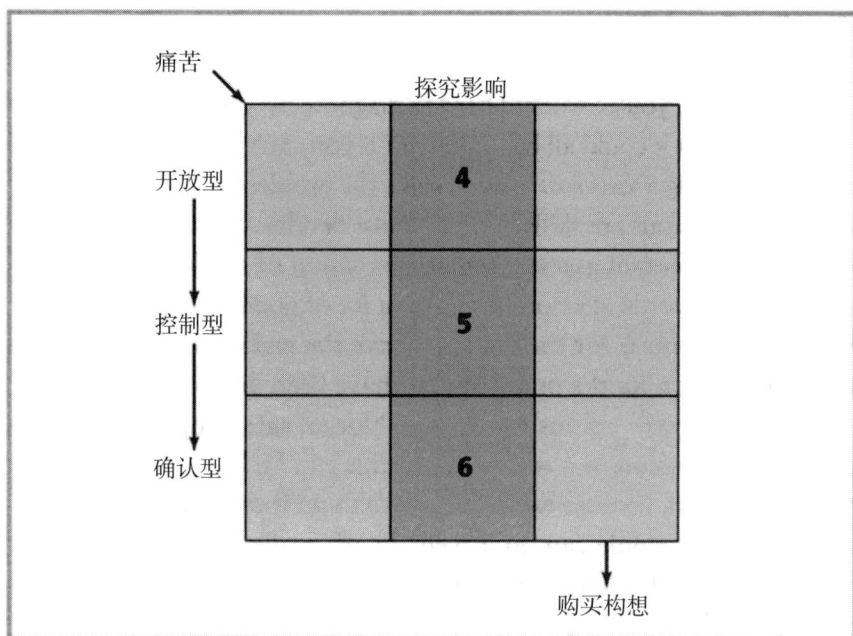

图 7.4　探究影响

　　从探究影响方面的问题中，常常可约略看出痛苦背后的情绪。销售人
员可以扩大某一重要问题的范围，纳入更多客户公司里的人。除此之外，
这类问题还能让你初步了解该公司的权力位置。请看图 7.4 的中间栏。现
在，请想象客户公司的组织结构图。这是设想这一栏答案的良好方式。

　　不管有没有经验，很多销售人员有时会忘记诊断这一块重要信息领域，

原因有二：（1）他们的情境知识（知道影响所在）过于有限；（2）这一块询问领域并非他们销售流程中固定的一部分。

　　第四格：开放型问题，探究影响。此处，你的工作是使用开放型问题来探究痛苦的影响。例如："请告诉我，除了您以外，贵公司里还有谁受到这个痛苦影响？他们如何受到影响的？"这类开放型问题鼓励客户思考公司里是否有其他人同样受到这份痛苦的影响。客户不一定会知道答案，所以，你可以使用控制型问题进一步了解情况。

　　第五格：控制型问题，探究影响。现在，你必须探究这份痛苦对全体员工所造成的影响。你可以问："如果你正面临痛苦，是不是代表你的××（某人）无法做××？如果答案是肯定的，那么，××（某人）是不是也正经历××？"这是你发掘痛苦在客户公司里的扩散状况与方式的机会。谁牵涉其中？谁又和谁有关？谁依赖谁来解决问题？有哪些利益相关者？是只局限于公司内部，还是已经扩散到公司以外？股价是否受影响？盈余？利润？营业收入？营运成本？人力资源成本？网络成本？符合法规？

　　第六格：确认型问题，探究影响。在第六格中，销售人员需要确认客户所有答案，以确保自己和对方站在同一立场。例如，你可以问："根据我的理解，我们所讨论的（重述痛苦）不仅影响到你，也对××造成冲击。那么，这不仅是你的问题，应该也算是全公司的问题吧！我说的对不对呢？"

构想能力

　　到目前为止，你已努力诊断问题并探究影响所在，但如果你无法参与其中和客户一起制定解决问题的构想，则一切都是枉然。想要让解决方案销售奏效，就一定得具备开发需求与创造构想的技能。制定解决方案的重要层面之一，就是承担责任。换言之，拥有构想不是为了你自己好，重要的是，要让客户拥有构想，针对已诊断出的问题的解决方案去承担责任，采取行动。

你必须为客户创造构想。并非所有销售人员都有能力制定出优良的解决方案，但这是可以学习的。我之所以知道这可以学习，是因为这套模式的设计目的就是供人学习。没有任何神秘之处。这些都是极佳的咨询问题，让客户能够自己亲眼看见构想。

协助客户制定出心中构想的关键是拥有完备的情境知识，这包括商业敏感度、良好的能力知识，以及提出好问题的能力（见图 7.5）。

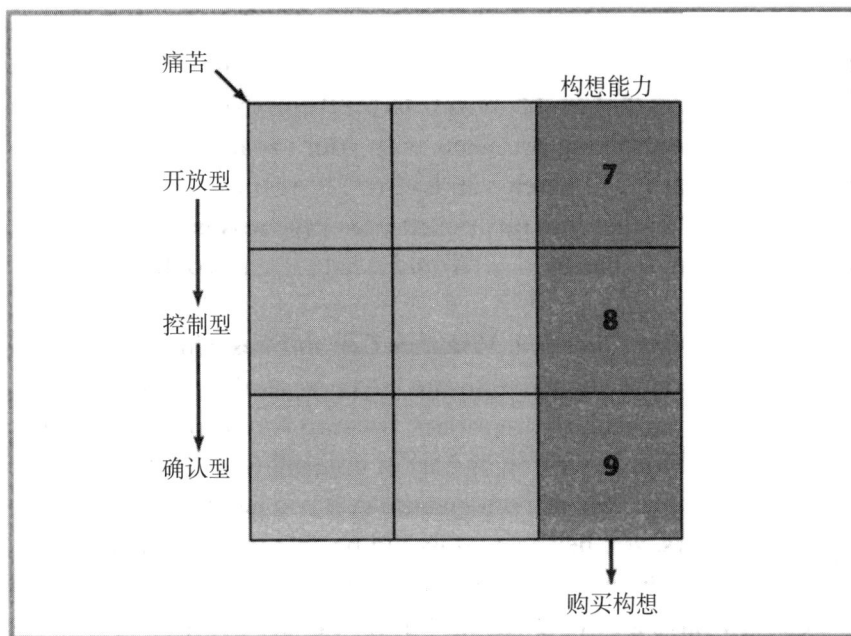

图 7.5　构想能力

第七格：开放型问题，构想能力。在第七格中，你的工作是利用开放型问题，来了解客户对于解决痛苦所需的能力有何构想。举例来说，你可以问："您要如何才能解决这个问题？"请注意，我们特别使用"您"这个字，目的有二：（1）知道客户是否已经拥有构想（也许这个构想来自你的竞争对手）；（2）了解客户是否愿意将诊断出的问题视为己有，承担责任。如果客户不认为问题属于自己，就不会有什么好结果发生。

就如同第一格与第四格一样，这类开放型问题鼓励客户自行思考，他们的答案能让我们了解他们心中的想法。一旦得知客户对解决方案的想法后，便要设法利用以自己能力为中心的控制型问题来支持、扩展或调整他们的构想。从开放型到封闭型问题的转折，只要简单地问："我能不能提出几个想法？"就可以了。

第八格：控制型问题，构想能力。第八格是解决方案销售九格构想创建模型中第二重要的位置，仅次于使用控制型问题诊断问题原因的第二格。要记得，如果你未发现问题原因，你就没有根据创建出帮助客户解决问题的构想。

不妨试想一下保龄球。保龄球瓶一个个排列好后，被保龄球所打倒。在第二格中，我们将原因（保龄球瓶）一一排列，然后到了第八格，我们使用能力（保龄球）将这些原因一一打倒。

第八格中，利用控制型问题来制定符合你能力的构想。你通过文字，让客户看见自己或公司其他人员使用你提供的能力来解决问题。例如，你可以问："当你必须……时，你可以……，这样如何？有没有帮助呢？"或者"你稍早提到，（痛苦）的原因之一是当你的××（某人）必须××，如果他们能够××，对情况会不会有所帮助呢？"

第九格：确认型问题，构想能力。最后，再确认客户的构想，以确信你和对方站在同一立场。这一点很重要，因为你得着手将客户的构想以文字呈现，以便掌控销售的进行。你可以这么问："那么，据我的理解，如果××发生时，若您有能力来××，您认为您就能解决我们所讨论的问题。我说的对吗？"

现在，你已拥有购买构想。客户已经能够设想他使用你的产品与服务来解决自己的问题。

如何熟悉了解情境

这种提问模式的困难何在？在提问开放型问题时，很少有人会有问题，因为，对购买者来说，这类问题笼统又不具威胁性。例如："原因为何？还有谁受影响？要如何解决这个问题？"对于确认型问题，也很少有人会有困难，因为，任何人只要聆听并稍做笔记，都可以将购买者说过的话重复一遍。

困难的部分在于询问控制型或封闭型问题。销售人员必须拥有情境知识与商业敏感度。当首度研究这个模型时，销售人员指出："这是一个很棒的模型，但我们并不具有提出恰当的控制型问题的背景知识。"你可能也在思考同样的问题。若是如此，请不用紧张，我们有一套销售辅助工具供销售与营销人员使用。它称为"痛苦表"，是特别为了帮助销售人员在解决方案九格矩阵中，构想控制型问题（矩阵中间栏）所设计的。好的痛苦表能够帮助销售人员熟悉了解情境。

📶 痛苦表

痛苦表记录了具体的控制型问题，供销售人员在诊断客户痛苦与制定购买构想时使用。想象一下，在进行销售拜访或给客户致电之前，先将一切需要的信息整理一下，让你能够找出以下项目：

- 拜访对象的痛苦。

- 造成这些痛苦的原因。

- 对客户的公司造成影响的领域。

- 你的公司协助解决问题所能提供的能力。

这套销售辅助工具在全球许多顶尖企业中，已成为营销与业务部门之间的标准沟通文件。企业将痛苦表用于许多用途，包括：帮助销售人员进行诊断性会话（通过九格矩阵），发展销售人员的产品与情境知识，推出新产品与更新产品培训，引导行业与产品信息更新，教导业务部以外的人员如何进行有意义的会话，以及协助整个企业把重心放在提供解决方案上面。

图 7.6 是一份完整的痛苦表。这是一份虚拟案例的表单，供本书中的主角比尔·哈特在与 TGI 公司销售副总裁进行诊断会话时使用。在此例中，客户的痛苦是"未完成新客户业绩目标"。比尔·哈特的公司专门销售电子商务软件、硬件与支持服务。阅读这份痛苦表时，你应该会发现，里面对于产品或服务只字未提。却提到了商业应用软件与支持硬件的能力。这份痛苦表充分运用了关于一家公司的所有知识。

试想，你打开电脑，调出一份痛苦表，上面的资料涵盖你所拜访对象所在的行业、职位与痛苦。再试想，这份表单会提供给你怎样的竞争优势。多数企业都有这些信息，但销售人员无权获得，或者缺乏工具，或者缺乏销售流程将它组织起来，不能有效使用。痛苦表就是这份工具——它收集并整理销售人员所需信息，帮助他们与客户进行有意义的会话。

痛苦表应该用于九格构想创建模型中的哪些栏位呢？答案是中间栏的三格，控制型问题的部分（见图 7.7）。

痛苦：未完成新客户收入目标
职位与行业：销售副总裁，制造业公司
我们的产品与服务：电子商务应用软件

原因 这是不是因为……? 今天？	影响 痛苦是否导致……?	能力 如果……是否有帮助？
A. 销售人员花太多时间来处理现有客户再度订购业务（处理订单，而无暇销售）？	● 未完成整体收入目标？ ● 利润降低？财务副总裁是否也为此事忧虑？ ● 对企业成长造成影响？ ● 股价下降？CEO 是否也受到影响？	A. 时间：下订单时 人物：你的客户 事件：是否能够完全通过网络了解库存情况、下订单，并进行确认？
B. 销售人员花太多时间来回答目前客户的常见问题？		B. 时间：客户有问题时 人物：客户 事件：是否能够点击网站上的常见问题自行找到答案，或者选择"我需要帮忙"选项，与公司内适当人员联络？
C. 潜在客户不知道贵公司的促销活动？		C. 时间：提供促销时 人物：销售人员 事件：是否能够生成个人化信息，并通过电子邮件将信息传送给所有潜在客户？
D. 销售人员未请现有客户推荐新客户？		D. 时间：上你的网站时 人物：你的客户 事件：是否能够提供业务推荐信息，以换得折扣或促销商品？

图 7.6 痛苦表范例

原因 这是不是因为……？今天？	影响 ？？？	能力 如果……是否有帮助？
痛苦：未完成新客户收入目标 职位和行业：销售副总裁，制造业公司 我们的能力：电子商务应用软件		
A. 销售人员花太多时间来处理现有客户再度订购业务（处理订单，而无暇销售）？	• 未完成整体收入目标？ • 利润降低？ • 财务副总裁是否也为此事忧虑？ • 对企业成长造成影响？ • 股价下降？ • CEO 是否也受到影响？	A. 时间：下订单时 　人物：你的客户 　事件：是否能够完全通过网络了解库存情况，下订单，并进行确认？
B. 销售人员花太多时间来回答目前客户的常见问题？		B. 时间：客户有问题时 　人物：客户 　事件：是否能够点击网站上的常见问题，自行找到答案，或者选择"我需要帮忙"选项，与公司内适当人员联络？
C. 潜在客户不知道贵公司的促销活动？		C. 时间：提供促销时 　人物：销售人员 　事件：是否能够生成个人化信息，并通过电子邮件将信息传送给所有潜在客户？
D. 销售人员未请现有客户推荐新客户？		D. 时间：上你的网站时 　人物：你的客户 　事件：是否能够提供业务推荐信息，以换得折扣或促销商品？

C1	I1	R1
C2	I2	R2
C3	I3	R3

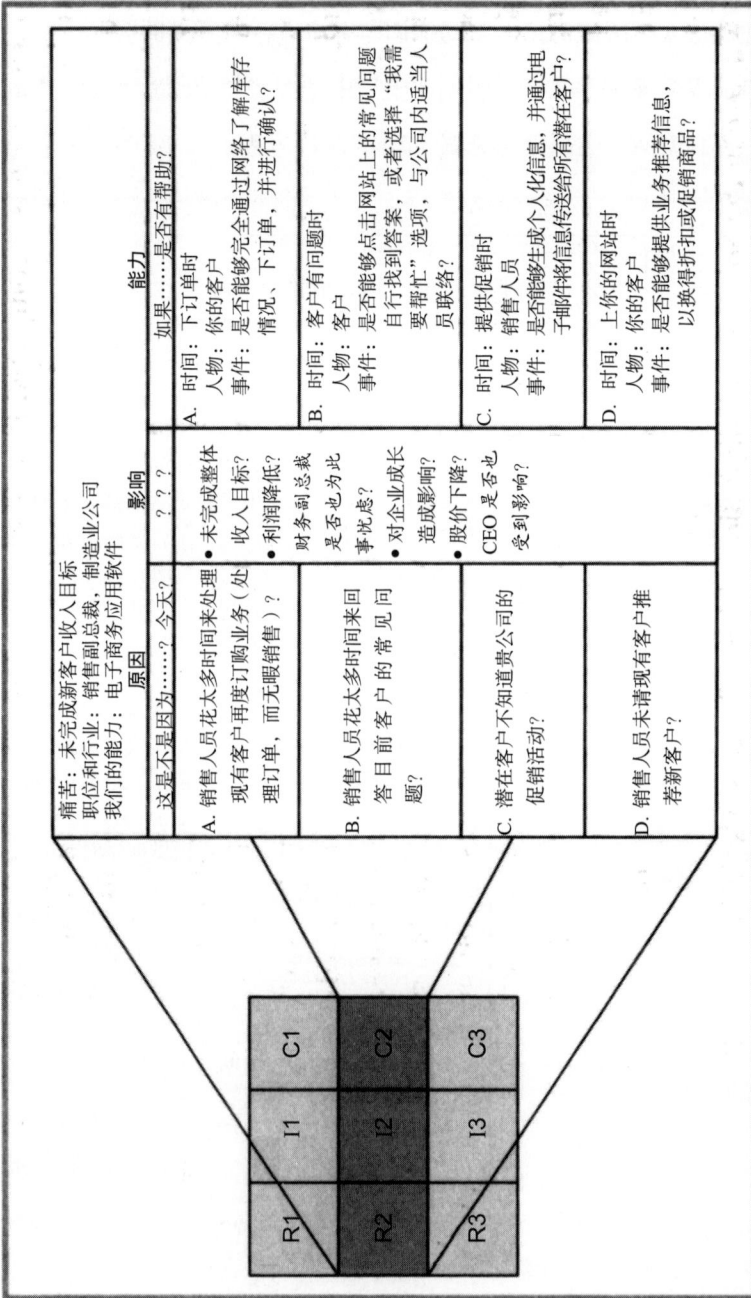

图 7.7　痛苦表与九格矩阵

谁负责制作痛苦表，并善加利用这些极有价值的知识呢？如果你是一位销售人员，而且需要负责完成销售目标，那么，你就得肩负起制作痛苦表的责任。或者，至少要监督痛苦表的制作过程，并随时维护、更新。制作痛苦表并不难。从你最常遇见的前五大销售情境开始，制作出可以支持这些销售情境的痛苦表。

许多企业由市场营销部门或产品营销团队开发这套销售辅助工具。我们有很多企业客户坚持在新产品与服务上市之际，痛苦表就要同步出炉。根据销售经理的说法，如果他们的销售人员没有这份信息，在进行销售时，就只会谈论新产品的特性与功能。如此一来，反而给予客户更多不买的理由。请赶快停止这种愚蠢的做法，改而使用痛苦表。好好利用贵公司的整个知识库。

在下一章里，我会采取渐进说明的做法，让你明了如何利用这个模型，实现与潜在客户的会话。

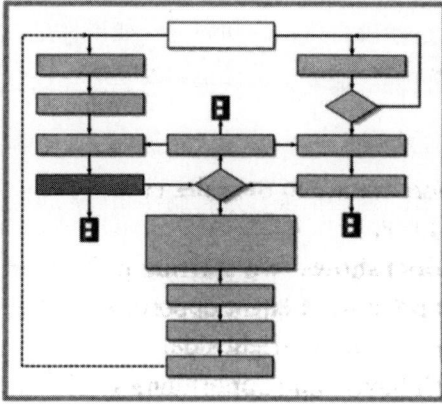

第8章

创建偏向解决方案的构想

本章为实用指南，将说明如何使用解决方案九格构想创建模型。

我们会带领潜在客户从承认痛苦开始，到形成解决方案。在这段假设会话结束之际，销售人员与潜在客户将会对购买构想达成共识。

以下的会话内容纯属虚构。但它说明了整个销售过程的状况，包括诊断潜在客户问题原因、探究全公司所受影响，以及构想能力、建立购买。

请注意，在整个过程中，你的客户并不会步步跟随，他们常常会因为追求当下利益，而走入其他方向。原则是由你来跟随客户，在适当时机随时跟上他们的脚步，如果对方偏离你的模式中的步骤，再有技巧地将他们带回你在九格矩阵中的位置，然后继续你们的会话。

构想创建模型

现在，让我们进入这段虚拟会话，对话双方是我们的销售人员比尔·哈特和客户 TGI 公司销售部副总裁史蒂夫·琼斯。

比尔刚刚才告诉史蒂夫一个参考案例，是关于另一位销售部副总裁未能达成公司目标营业额，而比尔的公司是如何帮助他的。案例说完后，比尔说："案例说完了。请告诉我您个人的状况，特别是您正面临的任何挑战。"

会话继续进行。潜在客户承认公司目前最重要的痛苦是"一直无法完成新客户营业收入目标"。然后，比尔又问了几个"规模性"问题，以了解该问题的范围，并尝试计算出新客户营业额目标实际缺口究竟是多少。等到比尔估计缺口约为 500 万美元后，他便开始进行九格矩阵中的第一格，即 R1。

R1 栏：开放型问题，痛苦原因

客户承认痛苦后，下一步便是询问一个让客户容易回答的开放型问题。此时，你能获得的信息多少，全看对方是否愿意交谈，以及他的专业程度。在本例中，客户此时并不多言，导致销售人员需要做额外努力。

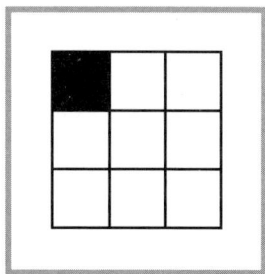

R1 栏

销售人员：请告诉我，导致您无法完成新客户收入目标的原因是什么？

客户：我也一直在思索，但我还无法确切了解整个问题的原因。我甚

至不确定该从何处开始说。让我告诉你我们目前的做法。每位销售人员都
分工面向固定客户。只要客户需要下订单，就得通过指派的销售人员来处理。

　　销售人员：我想要问您几个问题。可以吗？

　　客　户：请问吧。

　　开放型问题引导购买者谈论问题。在本例中，购买者并不知道答案，
因此未多说，或者他不愿详细讨论。不过，先问个开放型问题，能够让销
售人员有机会获得继续询问控制型问题的机会。

　　请注意：会话进行到客户承认痛苦原因时，比尔·哈特尝试额外询问
几个控制型问题（第 7 章的痛苦表中并未显示）。我们将这类额外问题称为
"深挖问题"，因为这让销售人员有机会钻研每个原因，以便更了解客户的
问题范围。这也可以让销售人员为他所能提供的能力树立价值。这类"深
挖问题"应该被列入痛苦表中。

R2 栏：控制型问题，痛苦原因

　　由于事先做好了拜访前规划与研究，这名销售
人员已准备好几个控制型问题。在客户同意之后，
销售人员取得控制权。第 7 章的痛苦表列出了四个
可能原因，以及可以一一对应的能力（构想）。我
们在此只举出两个可能原因来说明。

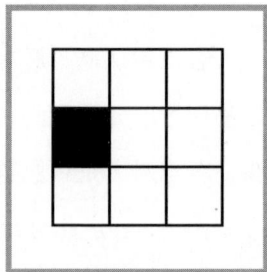

R2 栏

　　销售人员：您未完成销售目标的原因，是不是因为您的销售人员花太
多时间来处理现有客户的再次订购业务呢？

客户：是的，他们花太多时间在订单处理上，而非真正的销售业务。这占去他们大部分的时间，因而无暇开发新客户。

销售人员：这些商品的再次订购能贡献多少营业收入？〔此时，销售人员开始探究第一个原因。〕

客户：根据去年的资料，约为 8 000 万美元。

销售人员：那么，在这 8 000 万美元中，有多少比例不属于销售，也就是你所说的接单？

客户：我想约有一成，也就是 800 万美元。

销售人员：每位销售人员在接单活动上所花的时间比例如何？

客户：一个工作日中，大约有 5%的时间花在订单处理上面。

销售人员：根据我的调查，您手下约有 50 名销售人员，是吗？

客户：是的。

销售人员：每位销售人员平均销售额为多少？

客户：每人大约 200 万美元。

销售人员：再回到处理订单上面，这 5%的时间中，你希望销售人员拨出多少来从事新客户开发活动？

客户：嗯！全部时间。

销售人员：您认为新客户的营业收入贡献比例会像现有客户一样吗？

客户：是的。

销售人员：我们快速看看这些数字。看起来，如果每位销售人员能够将目前从事订单处理的时间用来对新客户进行开发工作，那么，每人每年便可多收入 10 万美元，总收入将多出 500 万美元。

客户：听起来，我的估计不会像你那么高，不过，这么计算似乎没有错。

比尔除了为问题找出第一个原因之外，还算出了它对公司的价值。现在，比尔继续发掘其他原因。

销售人员：另一个原因，是否可能是您手下的销售人员花太多时间为现有客户回答常见问题？

客户：哦！是的。这个问题可能比我刚刚说的订单处理还要严重。

销售人员：同样，他们花在这上面的时间比例约有多少呢？

客户：一天中可能有 15%的时间是在回答这些常见问题。

销售人员：那么，你认为他们应该在这方面花多少时间呢？

客户：老实说，根本就不该做这些事。他们是销售人员，不是客服人员。

销售人员：以去年来说，每位销售人员开发多少笔新生意？

客户：平均来说，每位销售人员分配到 10 笔生意。

销售人员：每笔生意平均销售额是多少？

客户：保守估计，约为 75 万美元。

销售人员：如果销售人员不再需要回答常见问题，省下的时间，是否能再谈成一笔新生意呢？

客户：可能不止一笔，但即使只有一笔，也很不错。

销售人员：那么，如果这 50 位销售人员，每人都能多谈成一笔销售额至少为 7.5 万美元的生意，您的新客户营业收入就能再多出 365 万美元，是吗？

客户：我不会那么乐观，但我想这是很合理的估计。

📶 R3 栏：确认型问题，痛苦原因

此时,销售人员已发掘出史蒂夫的主要痛苦原因，现在该是确认信息的时候了。

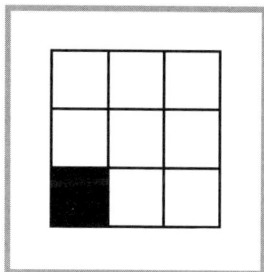

R3 栏

销售人员：那么，根据我们所讨论的，听起来您未能完成新客户营业收入目标的原因是：（1）销售人员花费太多时间处理现有客户再度下订单；（2）销售人员也花太多时间来回答常见问题,这让他们无暇开发新客户。让我们迅速浏览这些数字,这似乎每年让你损失约900万美元的营业收入。是吗?

客户：是的。

📶 I1 栏：开放型问题，探究影响

彻底诊断这名销售部副总裁的重要业务问题原因之后,此时该继续探究问题对整个企业的影响程度。

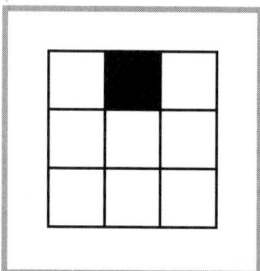

I1 栏

销售人员：除了您本人以外，贵公司里还有谁因为未完成新客户营业收入目标而大受冲击？他们如何受影响?

客户：嗯! 我知道我们的销售人员因为无法达成配额而感到沮丧。这让全员士气低落。

客户表示销售人员们直接受到问题冲击，但比尔继续探究，企图找出更深远的关系。

📶 I2 栏：控制型问题，探究影响

尽管客户已提供部分信息，但一定要继续找出整个公司和这个问题的关联，这一点很重要。销售人员可以直接问："财务部副总裁是否受到未完成新客户营业收入目标的影响？"此外，你也可以采用苏格拉底问答法（Socratic method），请看以下对话。

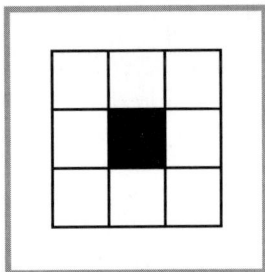

I2 栏

销售人员：如果新客户营业收入目标未能完成，则整体营业收入目标是否也因此无法完成呢？

客户：这的确有极大的影响。

销售人员：利润是否受到影响？

客户：我们的利润目前停滞不前，但照这种速度来看，公司整体利润目标迟早无法达到。

销售人员：您知道 TGI 的边际利润率是多少吗？

客户：大约 30%，不过我不是很确定。

销售人员：如果利润目标未完成，贵公司里谁受到的冲击最大？

客户：应该是财务部副总裁，吉姆·史密斯。

销售人员：利润下滑是否会影响股价？

客户：嗯！您应该知道，我们都是公司股东。每股盈余已经出现下滑，但我认为，利润下滑对企业成长的影响更大。

销售人员：贵公司由谁负责整体企业成长？

客户：我们都有责任，但总负责人是首席执行官——苏珊·布朗。

🔊 I3 栏：确认型问题，探究影响

如 R3 一样做出总结，此时该是确认销售人员对于影响面是否了解无误的时刻了。

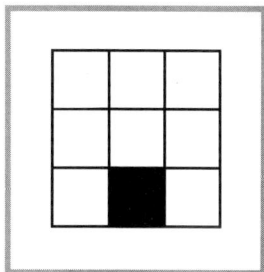

I3 栏

销售人员：那么，根据我所听到的，看来您手下的销售人员对于无法达成配额感到沮丧；财务部副总裁难以达成获利目标；首席执行官对于公司发展停滞不前也感到无力。听起来，这不光是销售与营销部的问题，其实也是全公司的问题，对不对？

客户：比尔，我同意你的说法。你似乎非常了解本公司的问题。

比尔诊断出史蒂夫的痛苦成因，并探究公司其他人所受到的影响之后，现在便可着手建立解决方案构想了。他的做法是让客户设想出自己所需要的能力。

🔊 C1 栏：开放型问题，构想能力

首先，销售人员要先问个开放型问题，把发挥权交给客户。销售人员还要找出，是否已有竞争对手抢先一步提供构想，或者客户在对话中是否

产生了任何构想。要记得，先提出开放型问题可以
获得进一步探究控制型问题的机会。

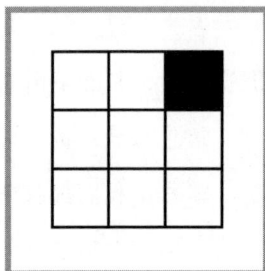

C1 栏

　　销售人员：要怎么做才能让你完成年度新客户
营业收入目标呢？

　　客户：很明显，我们得让销售人员从目前忙碌
的情况中摆脱出来，专心从事销售工作，不过，我不确定该怎么做到这一
点。这也是我之所以同意见你的原因之一。

　　客户自己没有构想，请销售人员提供意见。

📶 C2 栏：控制型问题，构想能力

　　比尔在 R2 栏（控制型问题，诊断原因）的努
力，此时有了回报。部分原因，也是因为他是根据
自己对产品与服务的知识来设计问题的。既然针对
客户痛苦已找出两个确定的原因，现在就应该介绍
两种解决问题的能力。

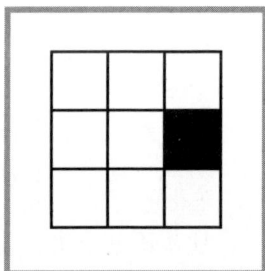

C2 栏

　　销售人员：您稍早提过，销售人员花太多时间处理现有客户重复性订
货。您表示这些时间都应用来开发新客户才是。如果贵公司客户可以通过
网络来查阅库存情况，然后自行下订单、分配，并加以确认，如此一来，
您手下的销售人员不再需要处理订单事宜，就有时间可以开发新客户了。

　　客户：这个构想听起来很不错。

销售人员：如果现有客户能自行订货，您是否认为您的销售人员能够再额外取得 500 万美元的营业收入呢？

客户：嗯。每位客户都有固定的销售人员负责，我不认为我们的销售人员可以完全不和这些现有客户联络，不过，我认为营业收入一定会有显著的增加，这是不争的事实。

销售人员：您认为可以增加多少呢？

客户：我想至少有八成吧！大约 400 万美元。

一次只讨论一种能力，让客户对于如何解决问题有个完整的概念。

销售人员：您稍早还提到，销售人员花太多时间为现有客户回答常见问题。如果客户能够上常见问题网络清单中自行寻找答案，或者进入客户支持选项，链接到公司的适当客服人员，这样销售人员便不再需要回答一再重复的问题，而有时间去开发新客户。

客户：这个想法听起来也很不错。

销售人员：如果现有客户能自行寻求答案，您是否认为您的销售人员能够再取得 375 万美元的营业收入呢？

客户：我还是那句话，因为每位客户都分配有销售人员，他们总要花点时间照顾这些客户，不过，我想营业收入多少会增加。

销售人员：您认为可以增加多少呢？

客户：我想至少八成！约 300 万美元。

C3 栏：确认型问题，构想能力

总结对方接受的能力，其实这就是购买构想。
请注意它的架构：如果您有能力做到 A 加 B，那么，
您是否能完成您的（目标）呢？（目标便是痛苦的
另一面）。另外，也请注意本段对话中，销售人员
是如何计算出价值的。

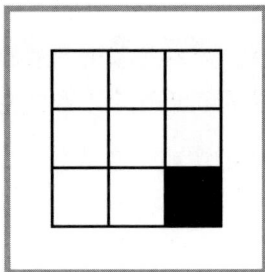

C3 栏

销售人员：史蒂夫，我想确认我们的会话内容。如果您能够：（A）让
想要再次订货的客户能通过网络查阅库存情况、自行下订单、分配，并加
以确认；（B）让客户上常见问题网页清单搜寻想要知道的问题答案，或者
链接至公司适当的客服人员，那么贵部门便能多获得 700 万美元的新客户
营业收入，困扰您的问题也能够得以解决，是不是呢？

客户：比尔，我想是这样的。我们该从何着手呢？

我们的销售人员已完成这套构想构建方法。他引导客户承认痛苦、诊
断痛苦、探究痛苦对全公司的影响、制定共享的解决方案，同时为他的产
品树立了价值。

整个过程要花多少时间呢？对某些销售人员来说，以及在某些状况之
下，只需要几分钟的时间，有时候则可能需要更长的时间。就算不确定自
己花的时间是否值得，也没有关系。利用一切可得资源，尽力就好。另外，
如果是多人参与的复杂情况，则可能需要几次的会面或电话会议后，构想
才能构建完毕。你也许在首次拜访时只进行到原因栏，第二次会面再进行

影响栏，然后需要三度会面，才能为对方说明能力。

　　诊断问题与制定偏向自己产品的解决方案构想是销售成功的关键。绝对不要低估它对你自己及潜在客户的重要性。

读书笔记

第 3 篇

抓住活跃机会

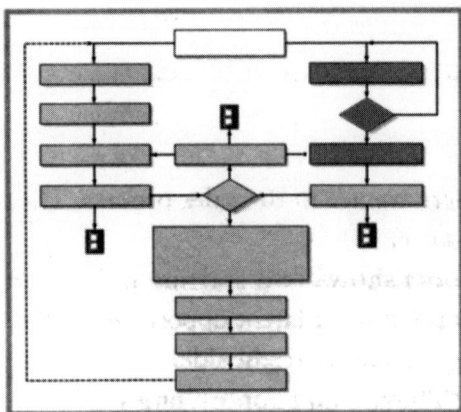

第9章

如何后来者居上

凌晨3点15分，宾馆房间电话铃响，是奥瑞奇·汉森从得州的达拉斯打电话给我。我当时在英国，他一大早打电话来，着实吓了我一跳。

"基斯，很抱歉半夜打电话给你，"奥瑞奇说，"我有急事，我怕等到早上就找不到你了。"

"没关系，"我一边说，一边勉强睁开惺忪的双眼，"我能帮什么忙吗？"

"刚刚得知，我们丢掉了阿根廷一笔极重要的生意，"他语带紧张地说道，"时间宝贵，我希望你能帮我们想出一套竞争策略与战术计划，来挽回这笔生意。基斯，我知道这会让你很为难，但是，你能不能马上飞来达拉斯？你能不能明天到达？随便你用什么方式，花多少钱，都算我们的。我真的需要你帮忙。"

有了他的承诺，我并不难做决定。这可是我第一次搭乘协和式超音速喷气飞机的机会，这是全世界速度最快的商用客机。由于时差，我抵达纽约的时间差不多等于我在英国上飞机的时间。然后，我在当天就抵达达拉斯，还有足够时间参与友人公司针对这家潜在客户所召开的第一场策略会议。

从伦敦飞往纽约的途中，我又仔细回想了他在电话中说的话。奥瑞奇·汉森是 EDS 公司拉丁及南美区总经理，在他的努力之下，该公司执行了一套销售流程，帮助他的团队更妥善地管理代工业务中的复杂销售环境（奥瑞奇曾与他的部属及手下销售人员，在达拉斯花了一周的时间学习如何执行解决方案销售，我曾到研讨会中授课）。

经过 3 周的培训后，阿根廷一家大型制造商要求来美视察 EDS 公司。该制造商希望得到 EDS 代工能力的周全简报，并表示他们会同时评估 2～3 家代工公司，之后，高层很快就会做出决定。对方同意事先寄上一份资料，好让 EDS 有时间为他们的视察做好准备。

当然，EDS 很欢迎阿根廷的制造商来访。这是每位销售人员的梦想，不是吗？然而，这家阿根廷制造商其实已经拥有构想，而且 EDS 并不在其中。他们只是通过 EDS 来做比较，并与某竞争厂商进行价格协商，而奥瑞奇与他的员工们就这样落入了他们的陷阱。

当奥瑞奇发现自己和下属所犯的错误时，他对自己感到生气与失望，他竟然没能看出这一点并采取不同的应对方式。他们落入了一个已经进行多时的购买流程，还遵照别人的规则来玩。奥瑞奇发现，当初应该采取解决方案销售中的迂回竞争策略及构想重塑。然而，他们却倾全力为这家潜在客户准备代工提案，企图协助对方更换过时的技术。

　　具有讽刺意义的是，他们这么做并非不对。然而，将这家制造商目前混乱的生产流程自动化，只会造成自动化的混乱而已。因为，在新自动化系统架设完毕之前，业务流程需要进行再造，这才是目前欠缺的一个环节。

　　我使用解决方案销售流程步骤，帮助 EDS 确认真正业务问题所在。这家阿根廷制造商目前每年损失高达 5 亿美元以上，眼看着就要面临倒闭，存活下去是最重要的目标。该制造商的制造流程老旧过时，而且信息系统成本过高。

　　奥瑞奇与团队成员向这家潜在客户坦承，他们并没有去分析该厂目前的技术与制造流程。但 EDS 却再度获得洽谈机会，因为他们提出了降低信息系统成本的方法，更重要的是，每年整体制造成本可因此降低 1 000 万美元，这家制造商开始注意到 EDS 的不同之处。EDS 一开始之所以未走这个方向，是因为这种分析与提案一旦展开，就需要增加成本，而客户此时对于成本非常在意。此外，EDS 认为这种做法会延迟对方做决策的时间，所以才未这么做。

　　等到潜在客户愿闻其详时，EDS 便展开迂回策略并重塑现有构想。EDS 成功地重新部署。新做法将购买需求从技术能力改变成行业专长，这是其他竞争者无法匹敌的。

　　EDS 很幸运地获得第二次机会，最后甚至还赢得了这笔生意。以下是奥瑞奇写给我的短笺内容：

　　解决方案销售课程结束后不久，我们就发现了一个来自阿根廷的生意机会。某家主要竞争对手抢先签下阿根廷的第一份代工合约。由于我们出现得较迟（主要是因为之前未进入阿根廷市场），因此未能夺得先入者的地位。通过您所教授的流程，以及您的策略与技巧，我们成功地重新部署竞争策略，将重心从"技术"变成我们的优势所在——行业专长。此时竞争对手根本没得玩了！总之，我们签下了在阿根廷的第一份多年代工合约，价值超过 4 000 万美元。

竞争时机

奥瑞奇·汉森的故事引出几个问题：什么时候该争夺机会，而什么时候该中途放弃？如果你决定争夺，应该采取什么策略？用对策略，就能增加胜算、实现销售预测、提升营业收入；用错策略，则会增加销售成本、错误地进行销售预测、造成士气低落。你必须决定是否该继续争夺，与人竞争还是中途放弃、另谋机会。当今企业营运成本很高，销售资源也有限，无法让你追逐眼前的每个机会。

过去，解决方案销售将策略重点放在客户没有主动寻找方案的潜在机会上。现在，情况不同了。解决方案销售方法几经改革，对于那些身陷充满竞争的活跃销售机会的销售人员，更能提供帮助。我坚信，你应该积极评估眼前所有的活跃显性机会。我也坚信，要想赢得这些活跃机会，你非得采用正确的竞争策略与战术计划不可。想要了解这一点，就得先知道中国古代著名的谋略家孙子。

《孙子兵法》是历史上第一本关于军事策略与战术的书籍。虽然时代久远（公元前 400—公元前 320 年），但他所提出的战略与战术至今仍然适用，他的著作不但被企业管理界人士争相阅读，也是商学院学生必读的书籍。孙子将战争比作道路，可能通向安全，也可能通往毁灭。他谈到何时该战，何时不该战，以及该使用什么策略。

销售也是如此。我将销售视为道路，可能通往安全，也可能通向毁灭，死生之地，存亡之道，不可不察也。我们必须明了，不充分的规划、无效的销售行动，以及粗心草率的人员会产生什么样的后果。决定何时竞争，并选择正确的销售策略，这是市场中求胜的关键。

抢占竞争先机

抢夺先机，设定购买需求，成为 A 栏公司，抢占竞争优势。当销售人员处于竞争环境时，这是我能提供的最佳建议。我也发现也许这个策略在所有情况下不一定都可行，但有一件事我是非常肯定的：不试，就永远不会成功。

有时候，我们也会面临竞争对手已经抢占 A 栏的情况。此时，你必须设法抢回上风。如果你还没有确认问题，也不能创造构想，你还能赢得交易吗？如果你被潜在客户置于 B 栏或 C 栏，你还有胜算吗？究竟该如何击败位于 A 栏的对手呢？本章将会回答这些问题。

当客户致电或送过来征求建议书（RFP），宣布他有意购买你所销售的产品时，你会很想争取到这个诱人的机会，因此会立刻予以回应，展开销售。我们没有发现，客户可能已经有构想，而且不是由我们协助建立的那个构想。别冲动进入这个地雷区，请先花点时间评估现在所处的形势。

要和 A 栏的竞争对手竞争，并不是件容易的事。请记得，研究指出，位于 A 栏公司的销售人员赢得成交的概率超过九成。我最大的客户 IBM 公司曾跟踪全球销售业绩,结果和这项研究不谋而合。IBM 的研究结果显示,若并非由他们来确认问题与设定购买需求的销售机会,则有 93%的时候是由其他公司赢得了生意。

结论很明显:如果其他对手是潜在客户的首选公司,你的胜算就会非常低,只有一成左右。令人难以置信的是,许多销售人员将许多时间与精力花在不是由他们一手创造且胜算只有一成的销售机会上。如果你发现自己正做着相同的傻事,那就请赶快住手吧!

确定是否参与竞争的五个原则

第一步是评估胜算。孙子说:"兵法:一曰度,二曰量,三曰数,四曰称,五曰胜。"(节录自《孙子兵法·军形篇》)。在解决方案销售中,我们也有五大原则,来帮助你决定是否与他人竞争销售机会。在忙乱喧闹的销售工作中,评估机会的时间通常不多。不过,在决定是否与 A 栏竞争对手争夺机会时,我们必须静下心来,好好思考实际胜算。

🔊 原则一:不要自欺欺人

先问自己一个非常基本的问题:这个机会是活跃机会(客户在积极寻找)还是潜在机会(客户没有开始寻找方案)?如果是活跃机会,就不要欺骗自己拥有很大的胜算。在竞争环境中,销售人员最糟糕的行为就是欺骗自己。决策错误的后果可能会很严重,不仅是损失时间、金钱和资源。莽撞争夺那些丝毫没有胜算的销售机会,还可能对个人发展与公司决策都会造成破坏。

　　若能诚实待己，你便能评估实际机会、选择适当策略、建立符合实际的战术计划。请记得，活跃机会（你不是对方首选）的胜算不会很大，但这不表示你得放弃，而是要看清现实。你的时间、金钱与资源都有限，要明智地运用它们。千万别忘了，各个销售机会性质本来就不同。

📶 原则二：验证机会，进行机会评估

　　我发现，当销售人员在决定是否把握某销售机会时，多半都需要一套销售辅助工具来协助他们。如果某个机会不符合既定标准，则无论早晚，皆可放弃。对于毫无胜算的机会，越早放弃便能越早开始开发其他新机会。

　　我认为机会评估就像扑克牌局一样。谁赢钱最多呢？ 通常不是在牌局中撑最久的人。花越多时间思考，赌注金额越高，赢钱的机会通常越不大。能够在胜算低时及早退出的人，才是最大赢家。

　　销售人员为何需要销售辅助工具或第三方来协助他们做出决定呢？ 是因为他们不相信自己吗？ 看起来，销售人员会因为太想成交，因而失去客观性。

　　表 9.1 的机会评估工作表帮助销售人员回答两个非常基本的问题：我们该不该争取？ 我们是否能成功？ 在面对不是由你自己开展或创造的活跃机会时，这尤其重要。

　　请注意，在本例中，我们帮助销售人员评估自己状况及与对手的比较结果。一旦你决定参与竞争，就得知道该怎么做才能制胜。

表9.1　机会评估工作表

评估日期				
客户_____评估状况：潜在机会□　活跃机会□ 机会描述：_____ 潜在销售收入（预估）_____	是	否	影响者	
			我们	竞争者
该客户是否会购买？	是否有关键驱动力迫使客户采取行动？				
	客户是否获得项目预算？				
我们发现这个机会时，购买流程已进行多久？	是否已确定购买需求？				
	是否确定预算？				
	是否确定时间范围？				
	客户是否拥有解决方案？				
该客户是否会购买我们的产品？	我们是否满足客户需求？				
	我们是否拥有独一无二的特质？				
	是否能展示独一无二的商业价值？				
我们是否能成交？	权力支持者是否拥有高度优先计划？				
	是否与权力支持者接触过？				
	是否制定或重塑彰显我们独特性的构想？				
	我们是否能以实际行动来证明价值？				
	能否控制购买流程？				
成交带来的价值？	这个销售机会有没有风险？				
	合作关系能否提供任何优势？				
	成交的战术价值（短期）？				
	成交的战略价值（长期）？				
是否加入竞争？　　　　是□　　　　否□					

当你使用机会评估工作表时，需要了解的关键问题包括：你是否能与对方权力支持者接触？你能否找出权力支持者的业务（和个人）痛苦？权力支持者的解决方案是否符合你的产品与服务性能？解决此问题的同时，是否会产生其他附加价值？你能否控制客户的购买流程？

我在前面提到过成功销售的公式：痛苦×权力×构想×价值×控制=成交。这是机会评估销售辅助工具的重要部分，可用来快速验证机会。请记得，由于这是一个等式，因此若左边任何一项为零，右边答案就是零。

等到你评估胜算后，就比较了解自己拥有还是缺乏竞争优势。如果评估后的结果看起来不错，便可着手选定竞争策略，并且决定赢得成交的必胜战术步骤。

📶 原则三：选择竞争策略

原则三的关键字词是"选择"。要选择一项策略，你得先知道它的内容及使用方式。我之所以强调选择的重要性，是因为许多人会在不自觉的情况下选出无法制胜的策略。用于活跃机会的四项竞争策略如下：

1. 硬碰硬策略
2. 迂回策略
3. 各个击破策略
4. 拖延策略

每种策略都有其优势与弱势，你必须全盘加以考量（见图 9.1）。

硬碰硬策略。孙子说："凡用兵之法，全国为上。"孙子坚信，你的兵力必须拥有压倒性的实力："故用兵之法，十则围之，五则攻之，倍则分之。"（《孙子兵法·谋攻篇》）优越地位就是一种竞争优势。

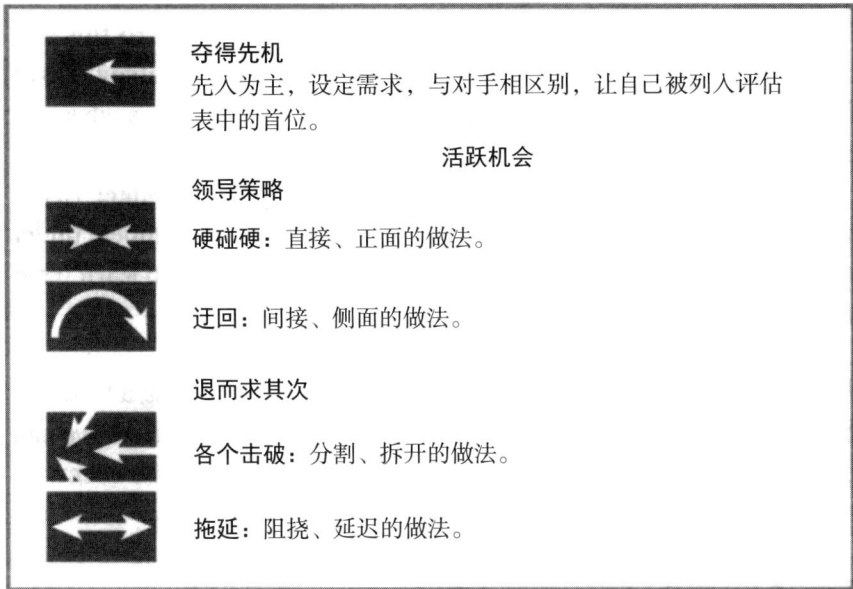

夺得先机
先入为主，设定需求，与对手相区别，让自己被列入评估表中的首位。

活跃机会

领导策略

硬碰硬：直接、正面的做法。

迂回：间接、侧面的做法。

退而求其次

各个击破：分割、拆开的做法。

拖延：阻挠、延迟的做法。

图 9.1　竞争策略

硬碰硬策略是竞争性销售状况下的第一策略，也是销售失败者所选择的第一策略。即使情况不适合，还是有很多人会不自觉地使用这种策略。他们不知道还有其他的竞争方式，也未能看出竞争者使用的谋略。销售人员使用硬碰硬竞争策略，简单地提出与对手相符合的特性与功能，直接和对手竞争，尽全力一搏，然后尝到失败的苦果。

在竞争场合中，如果较为强势的一方有难以动摇的地位，而你又想打败对手，此时不要使用硬碰硬策略。这种策略一定将导致失败的境地。根据竞争原则及孙子的告诫，如果你想使用硬碰硬策略以求胜，则以对手的地位和扎根程度来看，你得拥有较强的优势。在商业竞争力方面，你的优势最好是对方的两倍（五倍甚或十倍更完美）。请记得，这里所谓的优势要从客户的角度来考虑，而非你自己的看法：客户是否认为你比对手好上两倍？请不要不切实际，仔细评估你的优势，并谨慎审视这个机会。

使用硬碰硬策略会有风险，我的客户之一德州仪器公司（Texas Instruments）就遇到过这样的事情。几年以前，该公司的软件部门推出一套软件开发工具，远比市场其他同性质的产品优越许多。该公司销售人员只须走进潜在客户的大门进行产品展示，就可以轻松赢得生意，这全都是因为这套产品实在太棒了。不管客户正在寻找，还是已经准备从对手处购买，德州仪器都可轻易抢到生意。这套产品实在领先对手太多，他们的优势绝对是同行的两倍以上。

然而，不到一年，德州仪器的对手便争相在自己的产品上增加额外特性与功能，很快就迎头赶上。不过，德州仪器公司反应太慢，还持续使用旧有的硬碰硬竞争策略。没多久，该公司销售人员便开始失去生意。于是，他们找到我。

德州仪器公司的产品依旧超群（只是不再拥有绝对优势），如今，面对不同的局势，他们只是需要找出适当的竞争方式。最后，他们学到，此时可以使用迂回策略。

迂回策略。孙子直言要避免没有胜算的硬碰硬战役。他写道："敌则能战之，少则能逃之，不若则能避之。"（《孙子兵法·谋攻篇》）

如果你没有强大的优势，就不要与对方硬碰硬。应该采用迂回策略、间接销售的战术（在解决方案销售中，迂回策略的做法称为"构想重塑"，我们会在下一章详细讨论）。迂回策略是一种强大的解套策略，如果你没有被潜在客户列为首选的 A 栏，就可以考虑采用这种策略。

有多少企业与销售人员会愿意拒绝自动上门的销售机会？并不多，而我自己也是其中之一。我们为什么要这么做呢？是因为我们竞争力超强，自信对手的市场占有率为零吗？是因为这些人想要买的恰巧就是我们所销售的，而其他正在洽谈的生意也不多吗？还是我们公司将这家客户列为"战略性客户"，对于对方任何的购买机会，我们都得回应，没有别的选择？请你务必要随时谨记之前提过的位置栏观念。如果你未被列于 A 栏，则你一定是位于 B 栏、C 栏，甚或 D 栏，此时你的胜算并不高。

你的产品也许很棒，但足以打败位于 A 栏的在特性与功能方面皆占优势的竞争对手吗？采取迂回策略是指，你不需要在现有的购买需求上与人竞争。你得改变游戏规则，做法包括变更评估矩阵、改写购买需求或扩张需求。如果你能做到这一点，并且为竞争增加附加价值，则很有可能抢占 A 栏。当你不是首选时，迂回战略是比较恰当的竞争策略。接下来的两种策略：各个击破与拖延策略，则应属于撤退策略，不要一开始就使用。然而，在销售流程进行过程中，你若发现胜算不高，则可以考虑改用这两种战略。

各个击破策略。虽然你很想争取这个销售机会，想顺利达成交易，但有时无论如何努力，还是无法如愿。此时，与其全盘求胜，不如专心攻克一部分胜算较高的业务。

采取各个击破策略，能够粉碎竞争对手大获全胜的美梦。只要先取得一小块机会，未来便可一点一滴地从内部运作，扩大与客户的合作范围。如果竞争对手赢得全部生意，则对于这位客户，你以后将很难有打入的机会，这可不是你想要的状况，如果你很重视这位客户，更需要为自己预留后路。

拖延策略。当公司产品或服务的功能与特性与竞争对手的相比并不具有优势时，就可以使用拖延策略。孙子曰："以虞待不虞者胜。"（《孙子兵

■ **134**
第 3 篇　抓住活跃机会

法·谋攻篇》）如果你发现自己正步入输局，也许可以先拖延或缓和客户的购买流程，直到你想出制胜方法为止。

市场占有率较高的公司比较有本钱使用拖延策略。全球各地市场龙头企业都会在营销上使用这种策略。Lotus 公司及微软都曾这么做过。Lotus的产品"Lotus Notes"在工作群组与协同作业软件领域遥遥领先。微软因而决定使用拖延策略，直到他们自己的工作群组产品"Exchange"发展就绪为止。微软先宣布即将推出 Exchange，并请求正在评估工作群组软件的潜在客户延后做出购买决策。这项策略非常有效。许多客户决定等微软的产品上市后再做决定。如今，微软公司在工作群组与协同作业软件市场上拥有极大的势力。

原则四：向团队成员说明你的策略

设定期望值，就策略进行说明，在销售工作中占有极重要的地位，尤其是团队销售。在当今商业界，鲜有销售人员能完全独立工作，丝毫不靠别人的帮助。

销售人员请销售支持者提供协助，但又不培训他们，这样是很不公平的。若销售人员本人了解情况，却不向团队成员说明，也不制定正确的竞争策略和战术计划，此时就会产生问题。我常听说销售支持人员抱怨，销售人员描述某个销售机会如何庞大，却未详细描述整体状况。相比之下，我宁愿销售人员告诉他的团队成员："这是个竞争局面，由于潜在客户在从潜在购买到活跃购买的过程中，我们并未参与，所以目前我们处于落后地位。为求成交，我们必须采取迂回策略，也就是说，我们需要找出我们的独特之处，与潜在客户会面，并按照我们的独特性差异来帮助他们重塑构想。"与其向团队成员吹嘘这个销售机会多么难得，让他们有错误的期望值，还不如实实在在地说明你的评估内容。当人们清楚了解竞争状况之后，就比较能够面对现实，并做出较佳的表现。有明确的流程，并且清楚知道使用哪种竞争策略，比较能够安抚整个团队的人心。

📶 原则五：为了成交而明智地投资

在执行策略计划之前，必须先了解其内容。而在执行阶段，也要密切观察客户和竞争对手的行动，准备随时修改计划。由于我们的默认策略是迂回战略，因此我会将重心放在如何建立与执行支持这项策略的战术计划。

若你不是首选，也未抢得 A 栏地位，则你最好采用迂回策略，这是你所要采取的做法。但下一个问题是，你该如何进行这项策略？你得先了解自己公司的优势与劣势。"改变或重塑购买者构想"说起来简单，但知道该如何做，那又是另一回事了。

我常建议销售人员使用成功销售公式：痛苦×权力×构想×价值×控制=成交，以作为拟定战术计划的基础。一开始先了解公式中的要素，并诚实评估自己的地位。机会评估工作表能帮你做到这一点。评估之后，再决定该如何做到每项要素。最好让团队成员尽早参与评估过程。团队成员越早加入越好，让他们成为解决方案的一部分，而不是变成后来问题的一部分。

差异化的独特性

孙子针对找出与比较自己的独特之处（敌人的优势与劣势）写道："角之而知有余不足之处。"（《孙子兵法·虚实篇》，"角"有估量之意。）

在找出自己的有效独特性时，我建议使用三个要素：

1. 列出公司及产品或服务与对手的不同之处。

2. 估算这些与对手不同的独特之处有多特别。使用 0 ～ 10 分的评分范围。

3. 估算每项独特性对客户的价值有多大。使用 0 ～ 10 分的评分范围。

第一步是拿一张白纸，顶端写上："我们的独特之处。"然后开始逐条列出项目。将任何你想得出的特点都列出来。如果你不确定，可以询问别人。别怕开口询问，这一点很重要。毕竟，如果你不知道自己的独特之处，就很难制定与重塑构想。只要能想到任何使贵公司与众不同的地方，都把它列出来。

举例来说，若贵公司在业界已有 50 年的历史，而这是对手难以匹敌的特色，你就可以列出这一点。其他的特色还包括财务稳定、涉足国际市场，或者你可能拥有能够增加价值的配销能力，把它们都列出来。至于你的产品与服务，也一样列出其特点。

第二步是使用 0 ～ 10 分的范围，估算每项特点的独特程度。0 分表示毫无特色可言，10 分则表示非常特别。我使用"估算"这个动词，是因为评分结果很难得到所有人的一致认同。依照个人意见来评分没有关系，稍后你就会知道。

第三步是估算每项特色对客户的价值。请试着站在客户的立场，尽量从客户的角度来给分。使用 0 ～ 10 分的范围。0 分表示几乎毫无价值，10 分则表示极有价值。同样，评分完全是根据销售人员自己的判断和意见。除非你亲自和客户谈过，从客户口中确认某些特点的价值，否则千万不要高估。

当你评估完独特性与价值之后，便可将结果标示在方格图中（见图 9.2）。

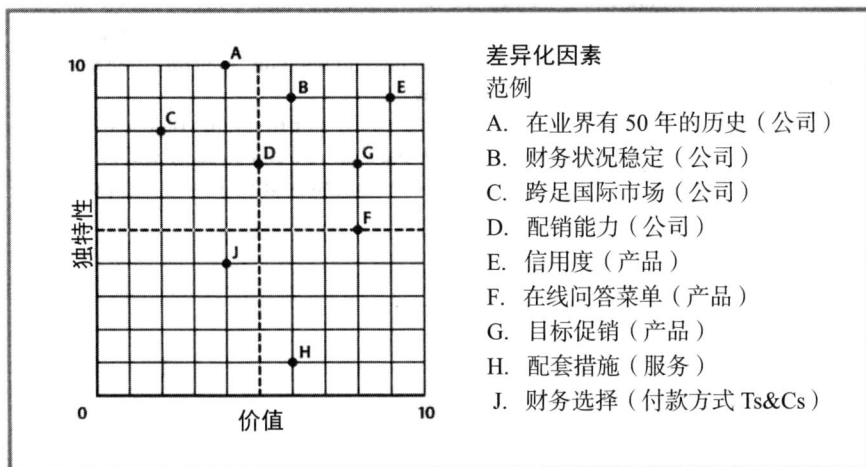

图 9.2　差异化表格

纵轴为独特性，横轴为客户认为的价值，每项特点在这两项变数上各有一个得分，请一一将得分标示在适当的交接点。完成后，方格图上就会分布许多黑点。

将方格图平均分为四个象限，位于右上方象限的特点便是既独特又有价值的。它们是你们公司的优势所在，而且极受客户重视。销售人员一定要将这些特色融入客户必备的能力当中。

位于左下方象限的特性既无价值也不特别。至于其他特性则属普通，可用于特殊情况，不过，你还是要先向客户强调那些位于右上方的特性。别忘了，这些独特的项目在方格图中的位置随时会改变。因此，随着市场发展渐趋成熟，公司、产品与服务信息一定要随时参考市场信息和资料而即时更新。

这项做法的重要之处，是诚实地看待你所拥有的特点及优势。最好能请教营销、客户服务与其他部门人员，帮助你评估这些独特性与价值。我的许多客户都发现这个做法的效果令人惊叹。

当你不是潜在客户的首选时，就要采取不同做法，此时胜算很低，除非你能扭转竞争状况，否则不值得争得头破血流。至于该采取什么具体行动，则视情况而定。不过，竞争与获胜有一定的逻辑关系。有时候，中途放弃反而是最佳做法。

当你不是首选但仍决定加入竞争时，你多半需要采用迂回战略，将客户现有的构想重塑成你的解决方案。

读书笔记

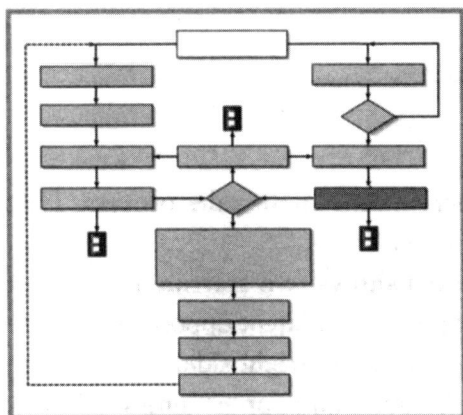

第 10 章

重塑构想

Lotus 公司成功地将解决方案销售在全公司实行。对于能实现很好的销售成果，Lotus 公司将功劳归给我们，这一点让我相当感激。该公司原本预计销售 3 000 万套 Lotus Notes 软件，结果他们比预定计划提早两年达成目标，成功的关键是产品卓越，以及使用解决方案销售方法。解决方案销售方法使 Lotus 公司的销售人员成功地将 Lotus Notes 销售给客户，并成为客户公司的解决方案，在使用解决方案销售方法之前，Lotus 公司的销售人员一直无法成功地做到这一点。

Lotus Notes 的畅销，引起了 IBM 公司的注意。IBM 公司在适当的时机，并购了 Lotus 公司。我和 IBM 公司的合作正式展开，这也是构想重塑的起点。

　　由于 IBM 公司在收购 Lotus 公司时并不是我们的客户，因此我们非常担忧和 Lotus 公司的合作关系会发生变化。IBM 公司会不会让 Lotus 公司继续和我们合作呢？IBM 公司入主后，会不会改变 Lotus 公司的整个销售方式，要求 Lotus 公司遵照 IBM 公司的做法和流程呢？我们和所有在 Lotus 公司的熟人交谈，企图找出答案。一开始，没有人知道，不过双方的共识是让 Lotus 公司自行运营，而我们因此能继续和 Lotus 公司合作。

　　并购后 2~3 个月，我到加利福尼亚州出差，一大早在酒店接到 IBM 公司一位不认识的男士打来的电话。他先向我自我介绍，并声明他知道我们和 Lotus 公司的合作关系。是 Lotus 公司的一位主管——马克·塔普林给了他我的姓名和联系方式。

　　能够接到 IBM 公司的人打来的电话，并询问我合作的可能性，我当然很兴奋，谁不会呢？我一直很欣赏 IBM 公司，而马克也是我相当敬重的人。来电者问我有没有兴趣为 IBM 公司准备一份企划案，为公司众多销售人员进行以技能为基础的销售培训。

　　我很想说："当然好，谁会拒绝呢？"但我没有这么说。实际上，我说的是："请告诉我，IBM 公司想通过这次培训达到什么具体目标，你们想要解决什么样的业务问题？你们希望提高哪方面的技能？为什么会这样？你们试图将这些技能融入全公司的销售流程，还是纯粹只是为了培训而培训？"

　　他很快地回答我所有问题，因为他非常清楚他想要什么。事实上，他的解释太过简要，很明显，我不是他第一个找的人。后来，我发现这项计划已经进行将近一年的时间，现在，IBM 公司正进入决策的最后阶段。他之所以会打电话给我，只是因为马克的大力推荐，自从 IBM 公司收购 Lotus 公司后，马克一直有意撮合我们和 IBM 公司合作。

我发现对方邀请我们加入的是一个活跃机会。我知道我们不过是众多备选公司中的其中一家，我也知道我们只是被用来填补栏位而已。考虑到我们在准备一份高质量方案上所花费的时间与精力，再加上胜算很低，若同意争取这个机会，将是一大错误。我感谢他给我这个机会，同时婉言拒绝了他的要求。

之后，双方皆沉默不语，此时恐怕连一根针掉在地上都可以听得到。几秒钟后，他表示："让我再确认一下。你和 Lotus 公司合作已久，为他们培训销售人员，而现在你却拒绝为母公司 IBM 公司提交方案？"

我立刻回答："我希望您能了解我的想法，请先让我为您解释。我所使用的正是我培训销售人员的方法。此时加入贵公司的购买流程将是一大错误。是这样的，我们已经错失贵公司购买流程的第一阶段。你们在自己或在别人的帮助之下，已经找出业务问题，并确定该如何解决。你们现在已进入购买流程的第二阶段，对于需求拥有明确的构想，而且也明白应该和什么样的公司合作。"

我继续解释："让我们给出提案的唯一做法，是您愿意花点时间帮助我们了解你们想要解决的业务问题，让我们有机会根据我们所能提供的能力，重塑你们目前的构想。如果您不同意这一点，我便无能为力了。"

"我不懂，"他说，"我也不同意你的做法。我们不能为了你停下脚步。不过，我尊重你不参与提案的决定。"接着，我们又礼貌性地交换了一些我自己也不记得的意见，之后便结束谈话。

挂上电话后，我一直希望电话再度响起。毕竟，是大名鼎鼎的 IBM 公司呢！这可是全球最大、最受敬重的公司。不过，你放心，如果没有完美结局，我就不会告诉你这个故事了。48 小时后，我的电话再度响起，完美结局自此展开。

"我真不相信你居然这么做。"又是同一位 IBM 公司主管。

"什么意思？"我回答。

"我一生中从没有遇到任何人做出你所做的事，"他说，"不过，这却又是我们希望销售人员能够做到的事。"

"能否请您详加解释？"我说。

"IBM 公司不能一直将资源用在无法成交的生意或机会上，更不能把销售人员所有的时间和精力都用在最后被对手夺走的生意上面。很多人以为，因为我们是 IBM 公司，所以我们会有无穷的资金和资源，这是不正确的。我希望我们的销售人员能做到你对我们所做的事。你能否教我们该怎么做？"

这便是我们和 IBM 公司至今仍保持长久合作的开始。自从我们于 1996 年协助 IBM 公司实施解决方案销售之后，我们已经为他们培训了全球超过 5 万名员工与业务伙伴。解决方案销售已成为 IBM 公司销售流程的核心销售执行元素。

这个故事就是构想重塑的最佳范例。IBM 公司主管第一次打电话给我时，他想让我们成为他的评估矩阵中的一栏。他打算购买以技能为基础的销售培训服务，他已经决定要和谁合作，而并不是我们，至少一开始是这样。

很幸运，我设法让自己与其他人区别开来，在这种情况中，这一点非常重要。后来，我能够重塑构想，协助他了解在全公司部署完整的销售流程才是提升业绩的关键，并非举办以技能为主的培训活动。

我得将绝大部分功劳归于这位再度致电的 IBM 公司主管。他的第二次来电改变了 IBM 公司与我们的命运。

重塑构想的九格构想创建模型

当你遇到活跃机会，需要重塑构想时，我强烈建议你遵循九格构想创建模型。你已经了解了九格模型。不过，这一次我们要用不同的方式来使用九格模式。在重塑构想的过程中，我们先从 C1 栏开始，因为购买者已经拥有构想，请看图 10.1，留意这九个步骤，以及不同的进行顺序。

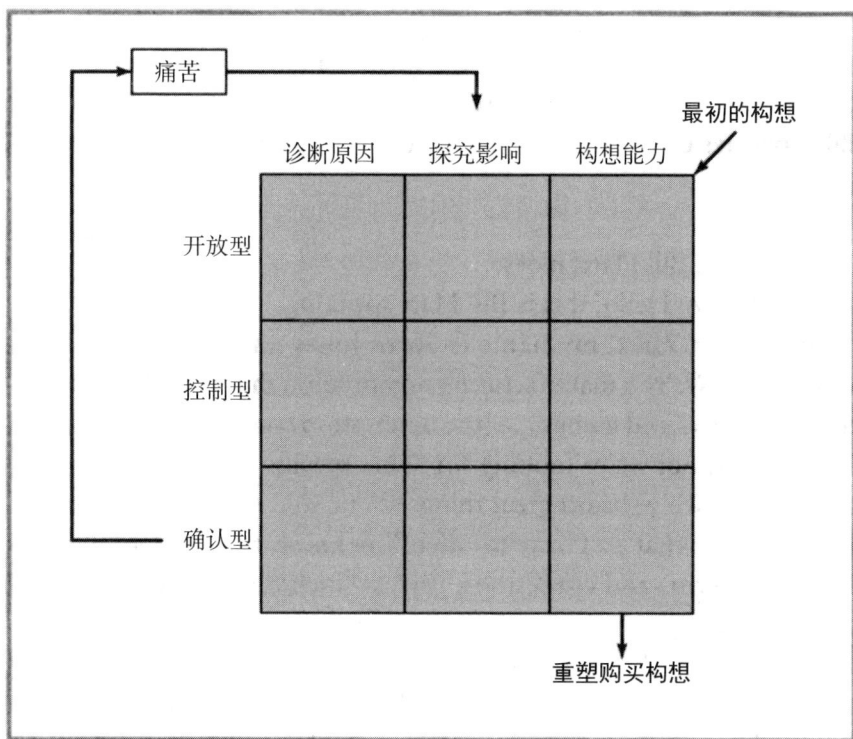

图 10.1　九格构想创建模型——重塑构想

让我们再回到比尔·哈特和史蒂夫·琼斯的对话中。这不是一个潜在机会。TGI 公司销售副总裁史蒂夫·琼斯致电给我们的销售人员比尔·哈特。史蒂夫简短地解释致电原因，然后请比尔提出产品规格、价格与展示。据比尔了解，TGI 公司正寻找关于电子商务方面的能力，而史蒂夫邀请比尔参与竞价，我们现在已经知道，史蒂夫要比尔来填补栏位，但不是 A 栏。

客户通过电话与销售人员进行对话。比尔带领客户进入重塑构想的会话。请留意比尔是如何使用这个顺序经过重新排列的模式，特别注意他所说的话及时机。

客户：请接比尔·哈特先生。

销售人员：你好！我是比尔·哈特。

客户：哈特先生，我是 TGI 公司的史蒂夫·琼斯。本公司专门制造玩具和游戏产品（详细介绍公司）。我们没有见过面，不过，我们正寻求购买某些有特定功能的电子商务技术。我听到不少关于贵公司的优势和特点，因此想要知道你们能提供哪些产品与服务。你知道的，就是那些常见的信息：产品规格、条件、价格，还包括产品展示。

销售人员：谢谢。我很乐意提供一切您想要的信息。不过，在此之前，我想要先问几个问题。在介绍我们的产品之前，我必须知道更多。

客户：比如什么？

上例举出解决方案销售的一个极重要的原则：让自己显得与众不同之前，先让自己与人平等。换言之，你得尽量彻底了解竞争对手先行提出的构想。想想看：若你没有完全了解客户目前拥有的构想，你要如何竞争？

又要做出什么区分呢？

随着这段虚拟会话的进行，我们会画出九格模式的进度位置，这能够帮助你领会其技巧。

我们从九格构想创建模型中的 C1 栏展开会话。

📶 C1 栏：开放型问题，构想客户当前能力

销售人员：您正寻求哪些特定功能？您想将它们用于哪些方面？

客户：我们的销售人员都被分派给固定客户。只要客户需要补货，他们就向负责的销售人员下订单。我觉得我们的销售人员花太多时间处理订单，而无暇开发新客户。因此，我们决定采用电

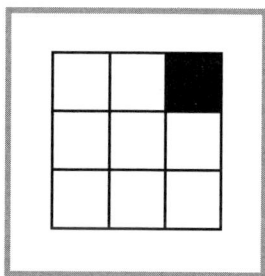

C1 栏

子商务软件，让现有客户能够通过网络自行订货。首先，他们能够自行查询库存状况，然后在网络上下订单、分配，并加以确认。我们深信这能让销售人员有时间开发新客户。

销售人员：（厘清初步构想）那么，听起来，当现有客户想要订购标准货品时，您希望他们能够随时通过网络自行下单，而不是通过销售人员，是吗？

客户：是的，我们希望如此。

你会面临各种各样主动寻找的购买者。对方可能正在询问，但未选定厂商，他想要找出最佳选择。如此一来，销售人员便可加强 C1 栏的深度，问些追根究底的问题，以更多了解对方的现有构想。购买者还可能与你分

享最初导致购买需求的痛苦。

不过，通常情况并非如此。我们以最坏情况为假设，继续双方会话。客户并不多言，也未承认痛苦，销售人员觉得对方不允许自己询问太多现有构想。销售人员必须自行尝试提出重要差异，以取得继续进行会话的机会。等到比尔充分了解史蒂夫的现有构想后，下一步就是让自己有差异性，也就是说，改变对方的购买需求，以便将自己的优势纳入。其目标为抢夺 A 栏，成为购买者眼中的首选。让我们假设比尔已充分了解客户的现有构想，现在，是让自己与众不同的时候了。

C2 栏：控制型问题，构想能力

请注意：这是个敏感地带，因为比尔将探究史蒂夫原有构想以外的领域。在第 7 章的痛苦表单范例中，针对客户的痛苦列出了四种可能原因，并且一一提出解决之道（构想）。现在，在构想重塑阶段，购买者的现有构想出自痛苦表单中四种能力的其中一个。销售人员还有机会选择其他能力为自己做出区分。

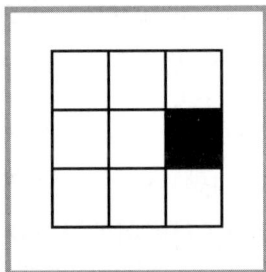

C2 栏

第一差异化能力（能力 B）

销售人员：史蒂夫，在规划电子商务之际，您是否也希望客户能够上贵公司网站自行搜寻常见问题答案，或者选择联系到公司内适当人员亲自回答呢？

客户：我们尚未考虑这一点，不过这听起来不错。

请注意：比尔现在有两种选择：（1）他可以一次提出所有差异能力，然后一一探究可能价值（原因栏）；（2）他可以在各栏之间前后游走，也就是说，一旦购买者对某一新能力表示出兴趣，在介绍下一个新能力之前，比尔可以先直接进入原因栏，为这项新能力建立价值。每位销售人员在面对不同的销售机会时，都可能择一为之，做法不尽相同。

为便于说明，并让读者了解提问顺序，我们在此让比尔继续介绍下一个差异能力，最后再一并探究它们的价值。

第二差异化能力（能力 C）

销售人员：史蒂夫，我们稍后可以再进一步了解这一点，不过，请让我先问您一个问题，您是否也希望拥有一种能力，让贵公司在提出促销方案时，您的销售人员能够创造个性化信息，并通过电子邮件传送给所有潜在客户呢？

客户：不尽然。我们的销售人员并不负责促销活动。我不否认本公司考虑过这项能力，但我并不想在今天花时间研究这方面的议题。

尽管史蒂夫对第二项差异化能力不感兴趣，但比尔并不沮丧。他继续探究另一项差异能力。

第三差异化能力（能力 D）

销售人员：嗯，我尊重您的想法（继续提出下一个能力）。那么，如果客户上贵公司网站，能够立即获得提示，鼓励他们推介客户以换得折价或促销商品，您认为这种功能如何？

客户：同样，这并非本公司目前寻求的内容，不过这倒引起我的兴趣。

　　现在，比尔已经了解了史蒂夫目前的构想，而且还引起他进一步了解其他能力的兴趣，接下来的任务，是要找出客户在未拥有理想的能力之下，目前的业务成本，以及购买者之所以寻找购买这些能力的原因。同样，你可能会遇到各式各样的积极寻找答案的客户。有些人会追溯之前的购买流程，以了解"目前的业务成本"。若是如此，销售人员可做深度探询，以便为现有构想建立更高价值。不过，情况通常并非如此。客户已经花费时间与精力走过这个过程，他们并不想再来一遍。此时，销售人员应该尊重对方的决定，专心为自己提出的差异能力建立价值即可。但现在，让我们假设最坏的情况，继续双方对话。

　　请注意：当比尔进行 R1 栏与 R2 栏时，两者似乎合而为一。对话主旨也会游走于这两栏。

R1 栏：开放型问题，诊断原因

　　销售人员：请告诉我，在没有这些能力的情况下，贵公司是如何管理现有客户的？

　　客户：其实，我对于你所提的关于处理常见问题的内容特别感兴趣，因为，每当我们的客户有问题，他们就会拨专线直接询问所分派的销售代表。若办公室找不到人，就会打移动电话。

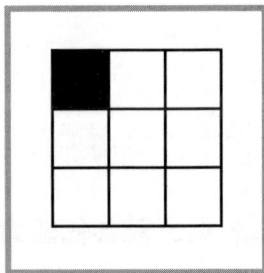

R1 栏

　　销售人员：如果可以，我想针对这一点深入了解一下。

　　客户：没问题。

📶 R2 栏：在没有能力 B 的情况下如何开展业务

我曾在第 8 章中说明，在计划制定阶段，该如何通过深挖客户问题建立价值，而以下对话内容与此极为相似。

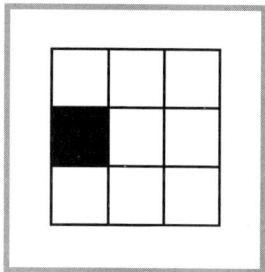

R2 栏

销售人员：请问目前销售人员大约花多少时间来回答这类问题？

客户：他们一天约有 15% 的时间用来回答客户常见问题。

销售人员：您认为他们应该在这方面花多少时间？

客户：老实说，根本不该花半点时间。他们是销售人员，不是客服人员。他们应该将这些时间用来开发新客户。

销售人员：去年每位销售人员开发了多少新客户？

客户：平均而言，每位销售人员分配到 10 笔生意。

销售人员：每笔生意平均销售额是多少？

客户：保守估计，约为 7.5 万美元。

销售人员：如果销售人员不再需要回答常见问题，则省下来的时间，是否能再谈成一笔新生意呢？

客户：可能不只一笔，但即使只有一笔，也很不错。

销售人员：那么，如果 50 位销售人员每人都能多谈成一笔销售额至少为 7.5 万美元的生意，您的新客户营业收入就能再多出 375 万美元，是吗？

客户：我不会那么乐观，但我想这是很合理的估计。

当比尔了解到对方目前没有第一项差异化能力时的业务成本后，便会询问 R1 栏的开放型问题，继续探究第二项差异问题。

　　然后，他会设法了解对方目前没有第二项差异化能力时的业务成本。这段对话内容和第一项差异化能力的深挖问题类似。在下一段对话中，比尔会确认对方公司目前开展业务的方法。

📶 R3 栏：确认型问题，诊断原因（当前业务成本）

　　销售人员：那么，从我们刚刚所讨论的内容看来，你们目前的业务方式使得：（A）销售人员花太多时间处理现有客户的再度订货；（B）销售人员花太多时间解答常见问题，使他们无暇开发新客户；（C）销售人员未请现有客户推荐新客户。看起来，在没有额外能力的帮助下，贵公司每年少赚了约 475 万美元，是吗？

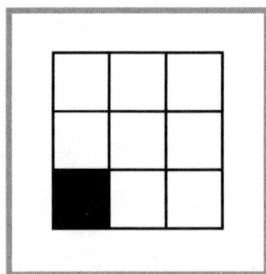

R3 栏

　　客户：是的，我提供的数字是准确的。

　　在 R3 栏与 I1 栏之间，让对方承认痛苦。 我在进行解决方案销售培训时，曾打趣地将此刻称为"框架外体验"。我们假设最坏的情况，购买者不愿向我们承认他的痛苦。也许销售人员通过了解该公司现在开展业务的方式，已经明显看出对方的痛苦，但重要的是，得要客户承认才行。此时，我们会问一些引导性问题。

　　销售人员：现在开展业务的方式对于您及您的业务有何影响？

　　客户：嗯，老实说，它严重影响我完成新客户营业收入目标的能力。

　　销售人员：您的营业收入目标是多少？还差多少？

　　客户：我们的目标是 500 万美元。以目前业绩来看，还差得很远。

请注意：此时比尔探究影响的方式与创建构想时的做法相同。你可以略过这段对话，直接进入 C3 栏。

🔊 I1 栏：开放型问题，探究影响

销售人员：除了您本人以外，贵公司里还有谁会因为未完成新客户营业收入目标而受到影响？他们如何受影响？

购买者：嗯，我知道我们的销售人员因为无法完成销售额而感到沮丧。这让全员士气低落。

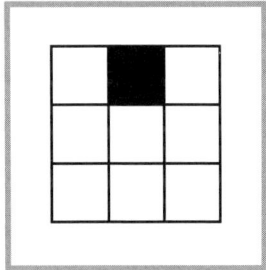

I1 栏

🔊 I2 栏：控制型问题，探究影响

销售人员：如果新客户营业收入目标未能完成，整体营业收入目标是否也因此无法实现呢？

客户：这的确有极大的影响。

销售人员：利润是否受影响？

客户：我们的利润目前停滞不前，但照这种速度看来，公司整体利润目标迟早无法达成。

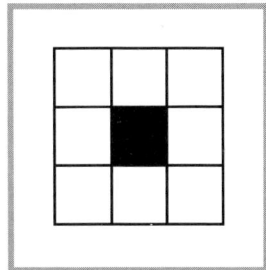

I2 栏

销售人员：您知道 TGI 公司的边际利润率是多少吗？

客户：大约 30%，不过我不是很确定。

销售人员：如果利润目标未能达成，则在贵公司里，谁受到的影响最大？

客户：应该是财务部副总裁——吉姆·史密斯。

销售人员：利润下滑是否会影响股价？

客户：嗯！您应该知道，我们都是公司股东。每股盈余已经出现下滑，

但我认为利润下滑对企业成长的影响更大。

销售人员：贵公司由谁负责整体企业成长？

客户：我们都有责任，但总负责人是首席执行官——苏珊·布朗。

📶 I3 栏：确认型问题，探究影响

销售人员：那么，根据我所听到的，看来您手下的销售人员对于无法完成销售额感到沮丧；财务部副总裁难以完成获利目标；首席执行官对于公司发展停滞不前也感到无力。听起来，这不只是销售问题，其实也是全公司的问题，对不对？

客户：比尔，我同意你的说法。你似乎非常了解本公司的问题。

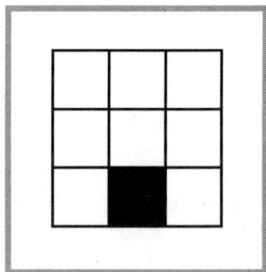

I3 栏

了解目前的业务成本、提出差异能力，并且探究史蒂夫的痛苦及对 TGI 其他人员的影响之后，比尔现在要与对方确认他对 TGI 整体情况的了解。

📶 C3 栏：确认型问题，构想能力

这段结论欲建立重塑的购买构想。请注意问题结构："您来电时，表示您需要 [A=最初构想]，也指出还需要 [B 和 C=额外能力]。如果您拥有全部所需能力，是否能够 [达成您的目标]？"另外，也请注意销售人员如何将已建立的价值融入其中。

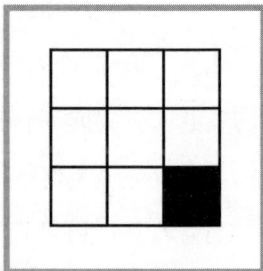

C3 栏

销售人员：史蒂夫，现在我想再确认我们的会话内容。您来电时，表示您需要一套电子商务软件，提供：（A）欲补货的客户能自行查阅库存状况、下订单，并通过网络得到分配与确认；（B）设法让客户从网上的常见问题清单中寻找问题答案，或者联系到贵公司适当的应答人员；（C）客户上贵公司网站，能够立即获得提示，鼓励他们推荐客户以换得折价或促销商品。如果您拥有这三种能力，年营业收入是否能再增加 700 万美元（还包括 A 能力的价值），远超过您目前不足的 500 万美元？

客户：比尔，我想是可以的。

恭喜你！你已经彻底了解了竞争构想，而且还运用你最具竞争力的差异能力，将构想重塑一番。不过，在结束构想重塑这个话题之前，你还需要了解一个重要项目：征求建议书（RFP）与信息征求书（RFI）。

征求建议书

征求建议书、信息征求书、竞标等采购方式，会因文化、行业、公司而异。不过，一般的处理方式和做法都是相同的。

问题是，当客户主动向你索要方案时，你该怎么做？答案很简单，除非是你先去函要求，否则不要浪费时间。如果对方征求方案中的采购要求并非全部由你界定或贡献，则你的胜算将不到一成，多数客户告诉我的实际经验甚至低于 2%。回应征求建议书的同时会花费你大量时间与金钱，让你无暇从事更有成效的活动。销售人员通常会因为没有更重要的事可做，只好回应征求建议书，想借此和对手竞争。

第 9 章中谈到竞争活跃机会的原则，而征求建议书绝对属于活跃机会，所以相同的法则也适用于此。如果你了解这些原则，并决定使用它们，那么你应该清楚你的责任。如果你现在还不是很清楚这些原则，请重新阅读第 9 章，并特别留意决定是否竞争的五大原则，以及表 9.1 的机会评估工作表。

原则一提到，不要自欺欺人。你以为你的胜算与人相同，但事实并非如此。

你得假设征求建议书是为其他人而设计的，并且出自他人之手。我不断遇到销售人员与我争论这一点。他们不希望别人叫他们不要浪费时间。他们问："你凭什么说征求建议书出自他人之手？"他们还会问："如果征求建议书是由第三方所撰写的，那该怎么办？"

我的回答是，多数企业都没有时间或专业人员自行整理出一份征求建议书。就算是由公司内部所完成的，也很可能是受外部顾问或厂商所指导。所以，不要再欺骗自己了。几乎每份征求建议书在风格、形式或方法上都会有所偏颇。如果你能接受这个事实，便能够采取更适当的竞争策略，并部署恰当的方法，以增加胜算。

📶 部署恰当的征求建议书策略

该使用哪种竞争策略呢？对于那些不是由你所开发出的征求建议书，应该采用迂回策略作为默认策略。从战术上来说，你最好重塑征求建议书中的构想，特别强调那些符合你提供的解决方案的独特能力的购买需求。

在重塑征求建议书中的构想时，我建议你使用以下 8 个具体的战术步骤。

战术步骤 1。 致电发函者，以 3 次各为期 1 小时的会面（互惠条件）作为回应征求建议书的交换条件。需要两三次会面的重点在于要求和采购的关键人物对话，否则你无法改变征求建议书中的购买要求。如果对方同意你的要求，请直接进入步骤 4。

战术步骤 2。 如果你要求会面被拒，则致函向对方强调，若不进行 3 场各为期 1 小时的会面，你将不会回应征求建议书。随信附上与征求建议书内容相关的营销与销售书面资料。图 10.2 便是这类信件范例。

亲爱的多伊先生：

　　感谢您给我机会向贵公司提案。我们很感谢您对我们公司的信任。但我也在电话中提过，我们公司一贯的做法，是与项目相关人士亲自会面，然后才会回应征求建议书。我们发现这种做法能让我们为潜在客户准备的提案更为周全，项目执行满意度更高。这个做法的最大受益者便是客户本身。

　　如果您能安排我们与贵公司业务副总裁、财务副总裁及首席执行官分别会面约 1 小时，我们将会投入时间与资源，提出让你满意的方案。

　　同时，我随信附上关于我们产品与服务的详细信息。如果您有任何问题，请随时致电我。

比尔·哈特

图 10.2　RFP 最初回复信函

请注意，该与何种职位的人员会面，要从征求建议书涵盖的范围来分析。之所以附上营销方面的资料，目的在于暗示："本公司能提供的产品能力非常多，若不深入了解贵公司状况，则很难提供相应适合的能力。"如果征求过程中有第三方参与（顾问等），则可以稍微修改信函内容，同样的信息与方法还是适用的。

　　战术步骤 3。等到潜在客户再度来电，则要主动表示愿意回应征求建议书，以换得 3 次各为期 1 小时的会面机会。如果对方真的希望你回应，或者他们需要你来填补评估栏位，则他们一定会设法让你和适当人员会面。请坚持立场，只有对方同意会面，才答应回应征求建议书。

　　战术步骤 4。在对方同意会面后，请询问每位直线主管，这项采购项目背后最重要的两个问题是什么？你的目的在于确认每个人的痛苦，以便重塑他们的购买构想。

　　战术步骤 5。依据约定准备提案。

　　战术步骤 6。将提案及附函寄给负责征求建议书的人。请对方特别留意实施摘要，内容主要说明提案内容如何符合每位会面主管的购买构想。

　　战术步骤 7。在实施摘要中强调你能提供的重要能力。实施摘要内容以你在会面与构想重塑中提出的差异化能力为重点。要特别指出你所发现的能力有多重要，能够帮助该公司解决业务问题。如果你能够将客户尚未具备的能力的负面效果量化，则能让你的论点更为有力，也更能吸引对方和你做生意。

　　战术步骤 8。将提案及附函的复印件寄给每位你曾会过面的主管。

信息征求书

　　信息征求书与征求建议书最大的不同，在于在信息征求阶段客户可能还没有完整的购买构想。因此，回应者有机会为客户制定全部或部分构想。在这种情况下，销售人员要影响对方的购买标准与需求就容易多了。企业在采购过程中，多半将信息征求书作为征求建议书的前导步骤。公开征求信息大多用于政府部门或立法机构。

公司和组织使用信息征求书的原因，包括找出是否有解决某一问题的能力、建立采购标准和预算，以及寻找能够合作的厂商或供应商。面对立法机构与政府部门的公开征求信息，我建议你也采用前面的八大战术步骤。

回复信息征求书与征求建议书的目的，在于获得会面对话的机会，让你能够创造或改变购买需求。客户的购买需求一定要纳入你的独特能力，你才会有合理的胜算。

如果某行业或公司将征求建议书纳为现有的采购流程，此时，若对方没有安排竞标会议，你也可以主动要求。此外，在高度规范化的情况下，若对方寄送来征求建议书时拒绝对话和会面要求，则你也可以在信息征求书阶段要求对方召开竞标会议。

竞标会议

竞标会议是个机会，也可能是你影响购买需求的唯一机会。无论是何种机构和单位，如果你想竞争，就没有其他选择。

参与竞标会议时，请把它当作一般面对面的业务拜访或会议，唯一不同之处，就是你最好多争取提问的机会。换言之，先让自己与人相同，并尽量了解该公司的痛苦、原因、影响、目前构想等。

接下来，让自己显得与众不同。尝试改变购买需求。你必须在其他参与竞标的对手面前，重塑征求建议书中的构想。

别担心对手会识破你的意图。他们怎么想有何影响吗？毕竟，在这种情况下，如果你不采取迂回竞争战略，并战略性地改变征求建议书中的购买需求，你几乎是没有任何胜算的。

读书笔记

第 4 篇

评估、控制、结案

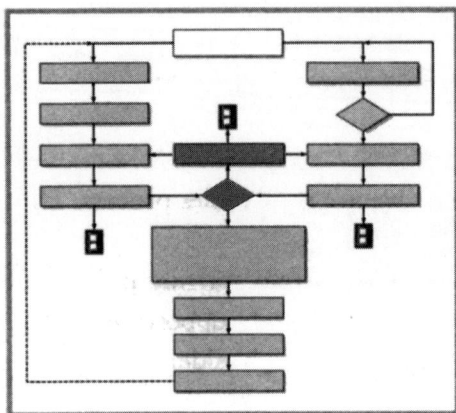

第 11 章

与权力支持者接触

几年以前，我在康涅狄格州斯坦福市开办解决方案销售的培训课程，有位名叫克莉斯汀·麦特森的年轻女性，她在第三天课程结束后告诉我："我真希望我在上一家公司工作时就接受解决方案销售的培训。如果这样，我就不会离开那家公司。我能否将您的课程推荐给我的前老板？我现在还与他保持联络。""当然可以。"我说。

那是一个周四，你猜我接到谁的来电？她的前老板。这位销售经理问："您的工作到底是什么？而解决方案销售又是什么呢？"对我这个销售人员来说，这是个公开的邀请，我当然要把握机会，把手伸进口袋，掏出我的产品或服务手册，开始销售。

如果你只想从本书学到一个重点，那么，请你一定要记住这一点：先诊断，后开方。在进行全面诊断情况之前，请先把你的产品与服务放在口袋中。还记得解决方案原则之一吗？先诊断，后开方。你捧出的产品或服务可能给购买者更多不买的理由。

回到我和这名销售经理的谈话上，我说："我很高兴为您介绍解决方案销售。不过，在此之前，您是否能告诉我，克莉斯汀对您说了什么，因而引起您的兴趣？我还想知道您目前的状况，以及是否面临任何与销售相关的问题？"

我让他知道，有了这些信息后，我便能具体说明解决方案销售如何应用于他的业务。他同意了，而且没有催促，他便向我详细地描述了他的业务与面临的挑战。因此，我可以在介绍解决方案销售之前，先诊断他的状况。事实上，随着我继续询问他的状况，他开始对解决方案和我个人有了自我见解。

会话进行了几分钟，多半是由我来问问题。后来，他问："您何时能亲自来达拉斯一趟，向我展示解决方案销售流程呢？"此时此刻，我很想问他："你希望我什么时候来？"无论他提出任何时间，我都愿意配合，不过，我并没有这么做。

好消息是，他感兴趣，而且要我飞去达拉斯为他展示我们的能力。这让我有机会向他要求我想要的事情，这是最完美的互惠场景。当潜在客户对你有所求时，便是最适合向他提出要求的时候。那么，他想要什么？亲自展示或证明解决方案能力。我想要什么？如果你以为是钱，那你就错了。我想接触权力支持者。于是我向他提出这个互惠条件。

"如果您能为我安排以下事项，那么，我很乐意亲自走一趟。请您安排您的部门主管及销售部副总裁一起参与会面，以及您同意支付我到达拉斯的费用。"你能想象他的反应吗？他的问题居然是和支付我的旅行费用相关的问题。

"你一定是在开玩笑吧，"他说，"我不敢相信你居然要我支付你的花费，我们德州人不这么做。"

为了缓和他的情绪，我马上向他解释我要求与高层主管会面，以及由他们支付我出差费用的原因。我说："如果由贵公司支付差旅费，则我们双方都做出了承诺。您投入您的时间与金钱，而我则投入我的时间并与您分享我的能力，针对后者，我通常是要索取费用的。"

我还知道，如果他不出钱，不肯进行投资或提供财务支持，我还是可能前往的，但他的主管不会出现。有了金钱上的承诺后，我比较有把握能见到适当的人员，并且让高层主管参与其中。

会话结束之际，他有点不好意思地问："这也是你在课堂上教授的技巧之一吗？"我轻笑一声说："老实说，是的。"他花了一点时间来考虑，但最后同意安排我与主管会面，并且支付我的差旅费。同时，我也致函确认我们的会话内容。信函中记录了他的销售难题、产生难题的原因，以及几个我们所讨论的改善之后的情况构想。这封信直接说出了他本人及公司的业务问题。

到了达拉斯，这名销售经理亲自迎接我。轻松寒暄之后，他的部门主管走进来，将一份文件丢在桌上，并面无表情地直盯着我说："你就是写这封信的人吗？"她将这封信推到我面前。

我看了一眼，的确是我写的信，我心中想着："没错，这是我写的信，希望你喜欢。"不过，我对她的想法一无所知，于是我只说："这的确是我写的信。"

她的态度立即转为和善，并笑着对我说："我认为你真的了解我们的业务。"

我的外表保持镇静，但内心在呐喊："这真是太棒了！"为什么呢？因为我知道我已经同其他人有了差异化，人们都喜欢和了解他们业务的人做生意。

这便是我们和这家全球最大的代工公司 EDS 长期合作的开始。

接触权力支持者

本书第 2 篇谈的是开发潜在的销售机会，而第 3 篇谈的则是找出客户正在积极寻找中的销售机会。无论你遇到的是哪种销售机会，最后都得与能够做决策的人接触，以便评估这个机会是否值得继续努力下去。在解决方案销售中，我们所谓的权力支持者是指拥有绝对购买权力或者能够影响公司购买决策的人士。

如果你发现你最初接触的人没有购买权，也无法影响公司的购买决策，那么，你需要请此人为你引荐权力支持者。有时候，此人愿意带你去见高层主管，但多数情况下，你都需要与对方谈条件去换取这个机会，从而顺利见到权力支持者。在这类协商中，你最有力的筹码是由你制定或重塑的解决方案构想。

接触权力支持者的最佳方式是，找到一个有痛苦的潜在购买者，帮他诊断痛苦，并制定或重塑解决方案构想。当人们首次听闻自己长久遭遇的痛苦终于能够得以解决时，都会非常兴奋。此人很自然地会想亲眼看见这套解决方案确实存在，而此人渴望亲眼看见解决方案的有效性，便是你洽谈接触权力支持者的筹码。如果销售人员一开始就进行产品或服务展示，就失去了这个协商的筹码。

权力原则：你无法向无购买决策权的人销售

许多销售人员投入大量时间向公司里无权做出购买决策的人进行销售，我们常称这种情况是"销售层级过低"（Selling Too Low），他们常会落入向没有相应职务的人销售的陷阱，他们以为此人拥有绝对权力，只要能和他接触就够了。这种销售行为会为销售人员带来麻烦。

在销售层级过低的情况中，销售人员常会致电给自己喜欢或处境相似的人。人们都喜欢和对自己友善的人相处，听他们说自己喜欢听的话，这总比和那些严肃挑剔、与自己全然不同的高层主管相处要容易多了。在销售技术性产品与服务及其他较为复杂的销售场景中，这是最常见到的情况。潜在客户的技术人员很喜欢与销售人员聊天，以便免费了解最新产品与科技信息。不过，销售人员最后还是得面对那些拥有绝对权力或能够影响购买决策的高层主管。

销售人员在向主管或他们认为有绝对权力的人进行销售时，也容易落入另一种陷阱——拿出客户企业的组织图，以为只要向高层人士销售就可以了。问题是，组织图只能看出一家公司的正式组织，虽然它有一定程度的职位描述，但无法告诉你谁最有影响力，谁才真正握有购买权力。

影响力是权力的要素之一，而一个人要如何拥有影响力呢？有很多因素，如年龄、经验、资历与政治手段等。在某些企业中，要看你是否认识一些人或者你的家庭背景如何，才知道其影响力大小。不过，我发现那些对公司贡献卓著的人，多半都非常有影响力。

第 6 章讲过客户拜访七步框架，说明了首次会面或业务拜访的步骤。我使用此框架与提示卡来说明销售人员要如何在首次会面时，利用前四个步骤策略性地和购买者站在同一立场。现在，我想用同样的框架和客户拜访提示卡，将制定出的构想作为接触权力支持者的条件。

如何让客户做出承诺

你已经诊断出潜在客户的痛苦，并且创造出偏向你的产品或服务的解决方案。现在，你必须让购买者做出承诺。此时，我们只需要对方承诺进一步了解，还不需要答应购买任何产品。我们会从双方对于购买构想达成共识（第 4 步）开始，评估客户同意继续协商的意愿（第 5 步），来判断对方的购买决策权（第 6 步）。关于过渡阶段的第 5 步，有两种做法可以选择。

📶 第 5 步：征得客户同意继续协商

做法 1：我想我们可以提供这些能力。我得先与我们公司内部的人员确认一些事情，如果他们也证实我们之前讨论的内容无误，您是否会进一步评估我们公司及我们所能提供的能力呢？［取得客户首肯。］

做法 2：我非常确信我们可以提供这些能力，我希望能有机会亲自向您证明。您是否愿意给我这个机会？［取得客户首肯。］

　　若过程中对方自愿引荐权力支持者，你便可直接定出会面时间，并立即结束此次拜访或通话。如果对方不愿意引荐权力支持者，请进入步骤 6。

　　做法 1 较为保守。你给自己找了一个借口。当你说："我想我们可以。"你便让自己有机会回去确认。如果你们公司的信息来源证实你所讨论的内容无误，你便可以请对方认真评估你能提供的能力。有些销售人员喜欢采取这种做法，因为它听起来比较尊重对方的想法。但有些人认为，面对本身也不确定的客户时，这种做法稍显太弱。我个人比较喜欢做法 1，因为它和做法 2 的进度相同，但不会让你听起来过于果断。举例来说，当你不太确定你和客户的某些对话内容，真的需要回公司确认时，该怎么办？此时，你最好不要说："我非常确信我们可以提供这些能力。"

　　做法 2 比较强势，不过你还是得对你描述的能力提出证明。别忘了，你的职位还是销售人员，而且现在还处于销售流程的早期阶段。要和潜在客户建立互信关系，是一定得花时间的。做法 2 比较适合用于时间紧迫的时候，如重塑构想，或者谈话对象是权力支持者，而你觉得你可能只会和他见这一次面。

　　假设客户同意与你继续进行下去。接下来呢？你现在该怎么做？在采取任何行动之前，你得先确定此人是否拥有权力。在本例中，你想确定的并非是该公司对你的产品是否有需求，也不是要知道对方是否有预算。你必须确认此人是否有影响力或权力可以做出决定。换言之，他是否有购买的决策权。千万别犯了图 11.1 所示的错误。

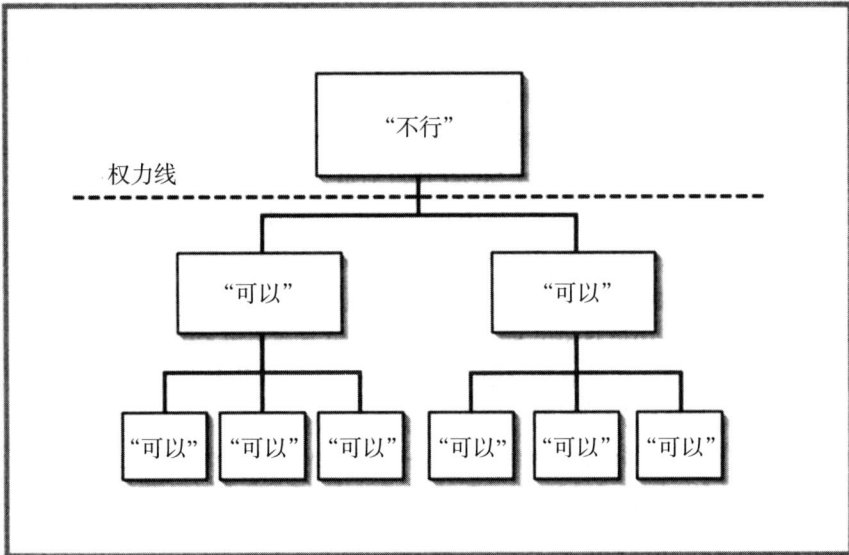

图 11.1　接触正确的人

协商以接触权力支持者

在销售拜访时，协商以接触权力支持者是个重要问题。尽管你的产品能让潜在客户受益良多，但有权批准购买的，可能只有少数几人。你该如何委婉地确认对方的购买决策权呢？如果能采取第 6 步，这个问题的威胁性就会大幅降低。

🔊 第 6 步：判断购买决策权

销售人员：如果您觉得（重述购买构想）存在可能性，并想进一步洽谈了解。您接下来会做什么？还有谁需要加入？

以上问题的答案将显示你所接触的人是不是有购买决策权的权力支持

者，或者是不是能引荐的支持者，还是两者皆不是。现在，请让我们先花点时间了解权力支持者与支持者的区别。

权力支持者。 权力支持者有足够的影响力（无论职位为何）或职权进行采购，就算没有预算也一样。他们有能力也有意愿带你进入公司里任何你需要接触的部门，而且能够采取行动，做出购买决策。

支持者。 支持者能够帮你在公司里宣传你的提案，但他们无权做出购买决策。尽管如此，支持者还是扮演着举足轻重的角色，他们进行"内部推销"，将你的产品或服务告知每个人。他们提供你所需要的信息，为你安排会面，最重要的是，他们为你引荐权力支持者。

如果你的支持者不为你引荐权力支持者，那么他就不是一位支持者，此时你便需要另行寻找愿意帮忙的人。支持者的真正工作与角色就是为你引荐权力支持者，这一点，毫无例外！

现在，让我们假设支持者已告知你权力支持者的姓名，让我们进入第 7 步。

🔊 第 7（a）步：为接触权力支持者进行协商

销售人员：能否将与我们的会面排入他的日程中？

客户：现在谈这个可能还太早了。

销售人员：我想和您商量一下。我还不确定我们该如何向您证明这些能力。我想先和我们公司确定一下。不管最后我们决定用什么方法来证明这些能力，这一定会占用我们公司的资源，但我现在很乐意向您承诺，如果我们成功证明我们提供的能力能够帮助［重述购买构想］，那么到时，您是否能够将我介绍给［权力支持者］？这样是否公平？［获得客户同意并结束谈话。]

销售人员：谢谢您抽出时间与我交谈。我会立刻请示公司，然后致函（电子邮件）以确认我对您的状况了解无误。在信函（电子邮件）中，我会提出向您证明这些能力的方式。您应该很快就会收到这封信（电子邮件）。

在商谈条件时，会使用一句极有力量的用语。销售人员之前之所以未使用这些字眼，是因为要保留力量，留待谈判时再使用，因为和权力支持者会面实在太重要了。这句话就是"这样是否公平？"请注意，实际问题并非"您是否能引荐权力支持者？"你其实是问这名支持者，这样的要求是否公平，而答案是肯定的。

礼尚往来（Quid Pro Quo）。源自拉丁文的"Quid Pro Quo"应该成为销售人员职业生涯中不可或缺的一部分。它的意思是，没有获得就不付出。简单来说，就是"相互交换条件"。我可以给你一些好处，但我也要有所回报。

这个重要的商务观念其实是所有企业人士都需要学习的，特别是销售人员。无论任何生意关系或协商议价，这都是一个重要观念。有些人甚至说，这是解决方案销售中最重要的观念。

销售人员常常为了迎合潜在客户，而忘记善加管理自己及公司的资源。他们落入对潜在客户有求必应的陷阱：潜在客户说"跳"，销售人员就会问"要跳多高"。

潜在客户有渴望和要求，也希望从销售人员身上得到许多信息。对此，销售人员应该体贴回应。但如果你愿意付出，对方也必须愿意付出才行。

你承诺证明你的产品能力，但要求接触权力支持者以作为回报。请问，如果你投入资源，证明你能帮助潜在客户解决某一业务问题，而请对方为你安排与高层主管见面，这样的要求难道不公平吗？

支持者信函。我坚信，销售人员必须通过使用不同的销售方式以凸显自己的独特性。如果不这么做，就无法为他们的公司或客户带来多少价值。如今，想要在产品与服务上做出差异化的区分，往往不太容易，所以销售人员本身也必须成为差异化的一部分。换句话说，销售人员必须为最终成交附加价值。如果做不到，就会被淘汰。在成交在望的情况下，销售人员可能是最重要的差异化因素。想想其他领先你一步与客户接触的销售人员。客户是将你归为"又是一样的销售员"呢？还是因为你不同的做法而认为你与众不同呢？

我常问销售人员："如果你和某位销售人员会面后，他马上写一封信给你，重述你们讨论过的业务问题、问题成因，以及解决问题所需能力，你会做何感想？"他们的回应都非常正面。然后我再问："你会不会对你的潜在客户这么做呢？"多数人都说不会。他们就算写邮件，也只会这样写：

谢谢您抽出时间与我交谈。会面过程很愉快。随函附上产品介绍，我会再与您联络。

这种信函或电子邮件并不能将你与其他销售人员区别开来。销售人员一定要和客户就业务问题进行讨论，并且将内容记录下来。人们都想和了解他们业务的人做生意。经过战略性规划的信函内容能够证明你了解对方业务。

在这方面，解决方案销售为销售人员提供了一套销售辅助工具，它称为支持者信函，能够帮助销售人员将会话内容以书面形式呈现。支持者信函中涵盖的信息架构，能让销售人员在客户心中脱颖而出。

对于支持者信函的撰写时机，我认为，是在为接触权力支持者进行协商之后。

请看图 11.2 的支持者信函范例，注意信件主体的六大要素：

1. 痛苦。

2. 痛苦成因。

3. 购买构想。

4. 同意继续协商。

5. 为接触权力支持者进行协商。

6. 下一步或证明能力的步骤。

支持者信函的内容和本章一开始所提到的我寄给 EDS 销售经理的信很相似。你刚刚也读到了该公司总裁的反应："我认为你真的了解我们的业务。"

我请销售主管检查销售人员所撰写的支持者信函的内容中是否具备六大要素。我发现这是强化解决方案销售流程的绝佳方式，在企业采用该流程后的最初几周，能明显看出它的作用。此时是习惯形成期，受过培训的主管能够根据销售人员的支持者信函的内容，来评估他们的成效。毕竟，销售人员若不能根据他们与潜在客户的会话内容，撰写出一封言之有物的支持者信函，则他们与客户的会话质量将令人质疑。同时，销售人员也必须是优秀的业务人士，要能够找出并诊断业务问题。

史蒂夫，您好!

　　感谢您对本公司表示出兴趣。这封信主要总结了我对我们的会谈及行动计划的理解。

　　我们会谈讨论的事项包括以下几点。

1. 您的首要问题是未达成新客户销售收入目标，缺口为 1 000 万美元。
2. 未达成新客户销售收入目标的原因如下：
   - 销售人员花太多时间处理现有客户重购订单，而无暇开发新客户。
   - 销售人员花太多时间回答客户的常见问题。
   - 潜在客户不知道产品促销信息。
   - 销售人员未请现有客户推介潜在新生意。
3. 您表示您需要的能力是：
   - 无论何时，只要客户需要订购，便可通过网络检查库存情况、下订单、分配与确认。
   - 当客户有问题时，可上公司网站点击常见问题清单，并自行查询答案，或者链接至适当人员寻求解答。
   - 当贵公司推出促销活动时，您的销售人员可以定制信息，将它们通过电子邮件发送给客户。
   - 当现有客户通过网络订货时，网站会出现提示，请他们推荐新销售机会。

　　您在会谈时表示，如果您能拥有以上能力，销售人员便有时间开发新客户，新客户销售收入目标可望如愿完成，年销售收入也能增加 1 100 万美元。

　　我们的后续行动包括：

4. 您同意与本公司进一步洽谈。
5. 您表示如果我们成功证明所提供的能力，您就愿意引荐贵公司的财务副总裁吉姆·史密斯。您提到吉姆对销售收入缺口相当不悦，这一缺口对利润也造成严重影响。
6. 我在此提议安排另一次会议。我会邀请另一位销售主管一同前来，该主管在我们的协助下，完成过电子商务应用方案。我相信您会对所见感到满意，并能够介绍给贵公司其他人员。我会在周一致电，并做进一步的讨论。

　　祝好!

比尔·哈特

图 11.2　支持者信函范例

另外，销售人员还必须以书面方式，记录对方同意继续进行下去并引荐权力支持者。这有助于找出那些无心评估你的产品或服务的潜在客户，让你省下时间，花在有心购买的潜在客户身上。

支持者信函有何效用？我们撰写支持者信函的原因之一，是因为购买者并未主动表示引荐权力支持者。我们必须和他们谈条件。支持者信函重申用来作为协商条件的构想。这类信函的成功率有五成以上，支持者会在产品功能证明会议中出现，而且支持者至少会请来一位权力支持者。

读书笔记

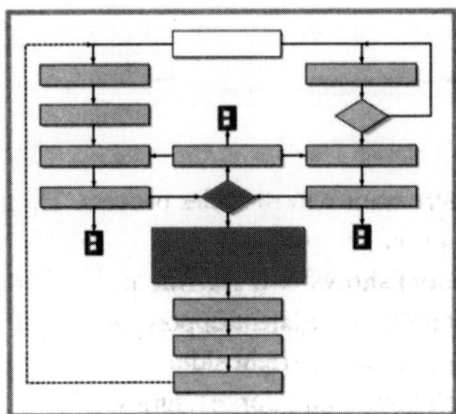

第 12 章

控制购买流程

　　有时，我觉得我就像一名英勇的猎象人，猎到一头大象，然后便想把一头活生生的大象拖回家中。曾有一家大型金融服务机构同意和我们进一步沟通，它们打算深入探讨业务合作。我顿时感到既兴奋又急切，但同时我也深知这里面存在巨大的风险，那就是我可能无法控制这头"大象"。

　　一切都进行得非常顺利，事情逐步明朗，因为我遇到一位尽职尽责的支持者，而与权力支持者的会面也很顺利。在权力支持者同意与我们进一步商谈后，我提出回单位后整理我们的会议记录，然后再评估我们的能力。他同意了，并询问我是否能在第二天就先带来一些相关资料作为评估依据。

我答应了他的要求，约定第二天共进午餐，一起审阅评估计划。

第二天午餐后，我交给他一封信，同时附带了一份评估计划。他开始阅读其中的内容。我无法从他的肢体语言中看出他在想什么，他似乎稍感困惑。然后，他伸手从西装外套的内兜里掏出一支笔，开始修改这份评估计划。此时，我暗自窃喜。为什么呢？因为这正是我希望他做的事——将评估计划视为己有。

他修改完毕后，将计划交给我，并说："我想，计划的顺序这样进行会比较适合我们的情况。"实际上，除他要求在进度表上稍做改动之外，没有什么重大修改。

此时，有个问题我非问不可："您是否同意我们已进入销售流程？"

"是的，"他回答，"我想你说的没错。"

"您认为此时该由谁控制销售流程的进展呢？"我问。

"当然是我，"他不假思索地答道，"当我更改你所提出的计划顺序时，我就对此有控制权了。经过修改后，这份计划便属于我所有。"

"这正是我希望您说的答案。"我说。

他犹豫了一下，然后将评估计划拿起，把它撕成碎片。他看着我说："我想我不需要这个。"

我立刻变得又紧张又焦急。我可能问错问题了。我为什么不保持沉默呢？我为什么要问这个问题呢？

但是，他的脸上很快重新出现了笑容，说："如果你能教会我们的销售人员成功做到你刚刚做的事，让他们知道如何控制购买流程，又让客户相信自己握有购买权，仅这一点，就值得我们好好合作一番了。我们不需要进一步评估了。我们最快何时开始？"

控制购买流程就等于获胜

控制原则是指，应由销售人员控制购买流程，而非客户。控制购买流程，同时又让客户在没有任何压力的情况下进行购买，这两件事似乎互不相容，但其实不然。解决方案销售就是能让你握有掌控权，同时又能让你的客户感觉在自我主导。在解决方案销售中，销售人员的职责便是引导客户。

我常常问那些正在争取活跃机会的销售人员，他们在客户评估过程中是否设定了任何控制要素。如果答案是完全否定的，那么，我便知道他们的胜算极低，因此会特别加强他们执行控制的策略与技巧。如果做不到这一点，我便会鼓励他们中途退出。还记得填补栏位的概念吗？你正身陷这个死胡同之中。请停止把宝贵的时间浪费在那些无法让你施展控制力的销售机会上，因为胜算太低，获胜的机会渺茫。

本章介绍的销售辅助工具能帮助销售人员展现专业能力，与客户一起解决对方的业务问题，并就合作达成共识。施展控制力既可以像确定决策期限一样简单，也可以像根据决策来界定评估标准一样具体。

控制购买流程的方式之一，就是运用项目管理的技巧。项目管理并非销售行业中常见的术语。不过，若你能使用优秀的项目管理技巧，便能让一系列的标准程序就绪，排除各种突发状况，并帮助你达成预期结果。由于销售活动变数太多，这一点就显得格外重要。

想想看，若没有任何计划可以遵循，那么项目开发或销售过程准时在预算内完成的概率会高吗？我们都知道答案是否定的。将项目管理技巧融入销售流程中，能够帮助你将销售活动由一连串的随机事件转变为有逻辑顺序的成功销售过程。

🔊 项目管理

项目管理的目标在于将所有活动进行梳理，在一定的时间范围内，可以达成某一特定目标。在解决方案销售中，我们所使用的两个基本文档是权力支持者信函和评估计划。如果销售人员能让客户同意抽出时间审查评估计划（其内容包括各项事件的排序与每个事件进行的时间），那么在大多数情况下，销售活动都能顺利进展。这并不是控制客户的行为或控制客户的最后决策，而是控制整个购买的流程。

那么，客户为何会允许销售人员控制他们的购买流程呢？答案是，大多数客户缺少丰富的购买经验（或执行购买流程的经验），因此客户在采购时，往往需要帮助。当销售人员详细描述客户的业务痛苦，诊断痛苦原因，并制定或重塑解决方案构想时，销售人员实际上向客户展现了令人信服的情境知识，因此，客户大多会欢迎销售人员提出下一步行动计划的建议。

权力支持者信函

解决方案销售中的权力支持者信函是将项目管理技巧融入销售流程的典型范例。它使得一般销售人员看起来也像销售高手。

权力支持者信函帮助客户购买，也帮助销售人员结案。这类信函同样可以帮助销售经理预测销售漏斗中的业务量及其结案时间，让销售经理的销售预测有据可依，进而评估各个销售机会并妥善利用资源。权力支持者信函无疑是销售辅助工具之王，它也被全球超过 50 万名接受解决方案销售培训的销售人员所使用。

权力支持者信函有两大部分，分别是：（1）写给权力支持者的信函；（2）提出的评估计划，包括客户要遵照执行的一系列事件。

📶 信函

信函包括销售人员对整个过程的概述，包括：业务痛苦、痛苦的原因、解决方案构想、所受影响、同意继续商谈合作的可能性及评估计划。

你可以看得出来，权力支持者信函包括支持者信函的多项要素，但是它们的不同之处在于，权力支持者信函建议投入资源评估流程，以及随信附上的评估计划。我认为一封好的权力支持者信函应包含以下要素（以下5 条和图 12.1 中的数字序号相对应）。

1. 痛苦。痛则思变的原则也适用于权力支持者。将权力支持者所面临的痛苦，以书面形式记录下来并设法得到对方证实，这一点非常重要。在信中再次确认你对这些痛苦的理解，能够帮助销售人员建立个人可信度。

2. 痛苦的原因。利用解决方案销售九格构想创建模型中的诊断原因与探究影响部分，发掘并确认权力支持者痛苦的原因。在信中必须就这些原因再次确认。

3. 购买构想。这是九格模型中的 C3 栏，一定要将它纳入信中。这个部分应该清晰有力，而且要写出能够帮助权力支持者达成目标所需的能力。

4. 公司受到的影响。在这个部分，你要确认权力支持者所描述的关于全公司所受影响的情况。其大多数内容来自九格模型中的 I1 栏与 I2 栏。这能帮助你关联到更多客户的业务计划，形成采取行动的原因。

5. 同意商谈继续合作的可能性。这能提醒权力支持者已答应进行下一步骤，以探究解决痛苦问题的方式。一定要在信中再提醒对方一次，因为承诺一旦以书面形式呈现后，人们就不容易改变心意。

吉姆［财务副总裁］，您好！

谢谢您今早抽出时间与我及史蒂夫·琼斯会面。我相信无论是对于 TGI 还是对本公司而言，这段时间都花得相当值得。现将我们的讨论内容整理如下。

1. 您的首要业务问题是营业收入下降而造成利润下滑。您指出，销售利润缺口达 800 万美元。

2. 利润下滑的原因：
   * 未实现新客户销售收入目标。
   * 营运成本上升。
   * 坏账增加。

3. 您表示需要的能力：
   * 当客户登录贵公司网站时，能通过网络开出并确认订单；从常见问题菜单中找到问题答案；告知客户促销方案，并提示或推送给客户，或者客户也可以点击常见问题菜单找到答案，并在特殊情况下链接到公司适当人员，获得解答。
   * 在接获订单前，贵公司网站能自动提醒客户有哪些需要处理的付款问题，并让他们能够与财务部人员通话。

4. 您表示，如果拥有这些能力，史蒂夫就能达成销售收入目标；唐娜·莫尔能够减少营运成本；贵公司财务人员能够降低应收款项平均账龄，而您也能让利润至少再增加 450 万美元。

我们接下来的行动：

5. 我非常确信本公司能够帮助您将电子商务软件融入现有内部财务与存货系统。您同意投入一些资源，以评估我们的能力。

6. 根据我所得到的所有信息，我整理了一份评估计划，供您进一步了解该项目的进行情况。请您和史蒂夫一起审阅这份计划，我会在 2 月 11 日致电给您，并询问您的想法。

祝好！

比尔·哈特

抄送：史蒂夫·琼斯

图 12.1 权力支持者信函范例

📶 评估计划草案附件

随权力支持者信函要附上评估计划草案（见表 12.1）。评估计划详述评估的流程。它列出结案的必要事项，而每个事件都标上完成日期，以及是否继续下去的决策点。评估计划的最终目标是协助销售人员控制客户的评估流程。一份优秀的评估计划应该涵盖所有能够帮助你赢得生意和能够帮助客户购买的重要里程碑。

表 12.1　评估计划草案范例

事　　项	日期	完成 "✓"	责任方	是否继续	是否收费
致电问约翰·瓦金斯（首席信息官）	2/7		我方/TGI		
致电问唐娜·莫尔（首席运营官）	2/14		我方/TGI		
为高层管理团队概述调查结果，并确认评估计划内容	2/21		我方/TGI	*	
向高层管理团队证明能力	2/28		我方	*	
针对 TGI 现有系统进行详细问卷调查	3/4		我方	*	是
提出初步解决方案和设计	3/11		我方		
执行由信息部门认可的计划	3/18		TGI	*	
决定价值分析	3/18		我方/TGI	*	
就初步成功标准达成共识	3/18		我方/TGI		
寄出授权合约给法务部门	3/18		我方		
获得法务部门批准（使用条款）	4/4		TGI	*	
拜访企业总部	4/11		我方		
提案前评审会议	4/18		我方		
提出方案并等待核准	4/25		我方	*	
展开变革，且为成功拟定衡量标准	5/10		我方/TGI		

续表

事　　项	日期	完成"✓"	责任方	是否继续	是否收费
评价成功标准	持续进行		TGI		

* 需要双方共同决定是否继续进行。

　　"事项"栏列出一连串的执行步骤；"日期"栏则列出每个事项完成的日期。如果某一事项未能准时完成，则销售人员应与客户共同协商出新的完成日期，并送上一份修改过的计划。"责任方"栏分配每个事项的负责人。

　　"是否继续"栏是一个极为有力的评判标准，因为它要求双方就项目是否继续进行评估做出决定，买卖双方依数据判定是否继续下去，并共同做出决定。这项要素能让客户确信自己正控制购买流程。

　　"是否收费"栏可以视情况而定，在某些情况下可能不适用。不过，它能够让客户知道你的行动或服务是有价值的。所有收费项目都可议价，但如果一开始未出现在计划中，之后再议价就不容易了。

为何使用评估计划

　　简单来说，评估计划是我使用过的最棒的结案推进工具。它让销售活动进入正轨，并提供高度可预测性。它协助客户掌控购买流程，也协助销售人员控制销售流程。评估计划还可以持续提供回馈，让双方了解客户在购买周期中的位置，以及销售人员在销售流程中的位置。如果客户无意与你继续，那么他不太可能花那么多时间与精力去完成整个评估计划的流程。

📶 为何拟定评估计划草案

一开始，评估计划只是一份草案或将事件进行排序的建议。

要等到客户接受后，才会确定为正式稿。那么，在你呈交计划，请潜在客户提出反馈时，最理想的情况是什么呢？是对方主动针对计划内容提出建议或修改。要记得，如果他们做出修改，就会将之视为己有。就像我在本章一开始提到的故事一样，客户通常想审阅、修改评估计划，让评估计划的内容适合客户所在的公司，如此一来，他们才愿意放手去执行。你要让客户获得这份计划的拥有权。这不是你的计划，而是客户的。客户比较愿意执行他们自己的计划，而非你的计划。

📶 评估计划中的事件数量

在评估计划中，执行事件的数量与排序要视潜在业务的规模大小而定。影响的变量会有很多，包括参与者、客户的行业类别、产品与服务的复杂性等。在较为简单的销售情境中，你也许只需要进行一次销售拜访，就能迅速结案，此时，你可以口头拟定计划，然后直接与潜在客户执行各个事项。在较为复杂的销售情境中，评估计划中事件的数量也许会非常多。

不要提出没有必要的步骤。你不会想让购买流程变得冗长。另外，每位参与者都要对评估计划进行高质量且周全的评估。

在为期较长的销售情境下，适量的评估事件能够为你开启更多的机会。此外，你必须事先具体说明某些标准，尽量减少在本人和客户（或购买委员会）之间意想不到的情况。评估事项能为你提供以下机会：

- 收集所有必要信息与细节。
- 访谈所有关键人物与受影响者。

- 向高层主管概述并确认你的发现。

- 说明成本与获得的价值。

- 提出初步解决方案。

- 证明所提供的能力的时间与方式。

- 开展价值验证、价值分析。

- 制订实施和过渡计划。

- 说明需要遵行的法律、技术、管理步骤。

- 约定提案前审查会议。

- 决定成功标准。

- 约定成功标准持续评估的做法。

请记住，每次销售都是独特的个案。不要心存侥幸地想："我们一向这么做。我们一向遵循这些步骤。"不过，由于许多生意机会都有相似之处，从以往经验来看，使用评估计划与事件排序效果很好。提出的评估计划中的每个事件都应有特定的目的。举例来说，向高层主管说明初步发现，能够帮助你获得进一步洽谈生意的机会。评估计划对客户也很有用，能够确认他们所有付出并不是浪费时间与资源的事情。

提升评估计划质量：价值验证

从定义来看，验证是证明或保护所采取的行动的理由、事实、环境或解释。验证结果能回答以下问题："最终结果是否证明所采取的方式和手段是值得的？"除非你面对的是一位具有充分采购权、充足资金与绝对权威的购买者，否则你一定要提出价值验证。销售人员常常将此步骤留给潜在客户或现有客户自己进行。客户通常没有任何参考模式，或者不愿意参与，因为不知道如何进行。我建议由销售人员来启动价值验证的活动，然后再邀请客户参与。如果你以往不知道该怎么办，那么你现在就要开始学着做了。

采取行动的理由

价值验证给客户一个不可抗拒的行动理由。如果他们能够亲眼见到新的能力可以使他们获得更多收入，或者节省更多开支，他们就会愿意掏腰包购买。

销售人员一定都参与过投资回报率的分析，或者成本验证的分析。我常见销售人员对此感到沮丧不已，原因是，尽管他们的提案内容已显示出诱人的投资回报率，以及可在极短的时间内回收成本，但客户仍旧迟迟不采取行动。这是为什么呢？原因之一就是，投资回报只有销售人员心知肚明，客户对其并不了解。要让潜在客户对解决方案真实的价值有相同的构想与理解，就要让客户了解并拥有问题和解决方案。若销售人员只告诉客户："我们能够解决您的问题，投资回报是这些。"这样仍然无法让潜在客户对问题和解决方案产生拥有感。

以往，销售人员和客户使用成本验证与投资回报率等名词，而非价值验证或价值分析。我之所以强调价值验证，就是因为我希望销售人员能让他们的现有客户与潜在客户将焦点放在价值上。价格越高，越要强调销售价值，销售人员一定要了解这一点。别忘了，在解决方案销售中，我们对价值的定义是：总利润减去总成本或总投资。

📶 **为何参与价值验证**

参与价值验证的原因，包括启动新的销售周期、结案、最小化折扣、提供证明与避免不做决定。

启动新的销售周期。一旦了解所能提供的价值之后，便能以此为筹码，开发新的机会，从而更容易且快速地引起潜在客户或现有客户的好奇心。

结案。价值验证提供迫切行动的理由。有了令人信服的价值验证结果，客户常要求尽快开始购买流程。换言之，延迟行动带来的成本影响过大，他们不能再等下去。

最小化折扣。当客户与销售人员都了解了真实价值（量化的衡量）后，双方的压力可大幅度减小。客户不太会要求（或至少期待）提供折扣，而销售人员也不会觉得非打折不可。

提供证明。有超前意识的客户明白，使用销售人员提供的产品或服务，可以为他们在市场上带来优势。不过，你的客户中只有两成客户属于有超前意识的人。剩下的八成客户相对较为现实与保守，他们需要亲眼看见产品所能带来的高价值，才能降低在销售周期后期产生的风险感。对于这些现实与保守的人来说，价值验证与价值分析都非常重要。

避免不做决定。基于某些原因，有些生意迟迟无法实现签约，即客户一直不做决定（我们称为不做决定的公司）。主要原因之一是客户未看到任何采取行动的急迫性，也未从解决方案中看到足够的价值。

我认为这些生意的机会其实已经失去了，因为客户其实已经做出决定——他们选择了其他项目。他们并未从你和竞争对手中进行选择，而选择将预算投资在其他方面。不要再自欺欺人了，我们确实丢掉了生意。

将客户想象成银行家，他们手上握有一笔钱。他们不会按兵不动，他们要投资，要得到回报。你的竞争对手不只是同行，还有会计系统、运输卡车、新办公设备等。客户最后会选择能提供最多价值与最大回报率的项目，你要了解这一点。

价值验证模型

我建议每家公司都为销售人员准备一套价值验证模型，帮助他们完成价值验证工作。别忘了，每位潜在客户也都会有属于自己的价值与投资回报率分析的方式。不过，若你能根据自己的了解，先行准备并提供你的投资回报率分析，那么也许效果会更好。除非客户要求，否则最好让分析保持简明，并说明如果需要进一步分析，你很乐意协助（见附录 A 的价值验证示例）。

价值验证要素

价值验证成功的关键是确认客户获得你所提供的价值。毕竟，你怎么想并不重要，重要的是客户怎么想。我鼓励销售人员思考他们的价值验证模型，回答以下 5 个问题：

1. 客户的哪些业务将受到影响并被衡量？
2. 由谁负责受影响领域的变革？
3. 在多长时间内，可能产生多少影响和价值？
4. 需要哪些能力？

5. 投资何时出现损益平衡？

🔊 要素一：衡量哪些项目

有许多要素与衡量指标都是不必要的。如果你选择偏离正题的衡量指标，那么有可能模糊客户的购买构想。因此，请找出几个改变后会产生重大差别的衡量指标。当你找出客户业务中存在的两三项与你的产品服务相关的问题及原因时，不要忘了在价值验证中着重强调。这类项目如下：

利润。请记住，这是多数企业存在的原因。不将利润纳入价值验证中，将是个重大错误。

销售收入。这个衡量要素非常有力，因为企业（甚至非营利性组织）的业务要依靠收入才能存活。现金流非常重要，而营业收入则是维持足够现金流的主要来源。企业需要营业收入来支付给员工、供应商与股东，所以营业收入与企业经营存在直接的因果关联。营业收入衡量指标能够快速引起客户对于购买你所提供的产品或服务的兴趣。

成本。无论是绝对的还是相对的，我所指的是成本降低或成本控制。这是个很大的机会领域，因为每家公司都是以成本为中心的。在降低成本方面，你应该着重关注替代成本（Displaced Cost）及回避成本（Avoided Cost）。

替代成本。如果你的产品与服务能够替代或完全取代现有成本，最好让客户告诉你现在是如何做的，花费是多少。

回避成本。如果你的产品与服务能够帮助客户避免未来的支出，同样，你要让客户告诉你现在是如何做的，花费是多少。

无形收益。包括员工士气、客户满意度、品牌形象、减少的压力、社会责任、生活品质等，这些利益很难用金钱来衡量。不过，如果客户认为你的解决方案能提供这类价值，我建议你最好将这些项目也列入价值验证中。

🔊 要素二：由谁负责

必须设法让价值验证属于客户，这样，当客户准备好做决定时，你就能看到其效果。如果最后负责做决定的人被问到价值验证时出现这样的反应："我不知道这些数字是从哪里得来的。我不确定我们是否能实现这样的结果。"则此人不太可能选择你提供的解决方案。而如果此人的回答是："是的，这些是我亲自算出来的数字，如果我们有这些能力，我们便能够达成这样的结果。"则对方的决策很可能偏向你。

🔊 要素三：总价值可能有多少

利润能够提升多少？营业收入能够增加多少？成本能够通过替代或回避而降低多少？价值验证必须能回答以上所有问题，而这些答案应包括一个时间周期，如一年、两年等。

🔊 要素四：需要哪些能力

价值验证必须说明，哪些能力可以帮助客户改变业务现状。如果无法确定，那么对方为什么要冒这个险呢？举例来说，如果某公司客户服务部成本增加，并对公司获利能力造成影响，则你提供的能力最好与降低或避免客户服务部额外开支有所关联。例如，你可以这么说："如果公司客户能自行上网进入他们的账户，并浏览其他客户的常见问题的答案，您便不需要额外雇用三位客服人员，如此可减少今年 25 万美元的额外支出，这样对您会不会有所帮助？能否为您创造价值？"

📶 要素五：投资何时损益平衡

价值验证必须回答这个问题。购买者想知道损益平衡的时间点，他们想知道何时能转亏为盈。其答案等于：包括营业收入增加与成本降低的累计总利润，何时会超过采购与实施新产品或服务方案的累计投资。此处所说的服务，还包括执行计划中建议的服务项目（见附录 A）。

提升评估计划质量：提案前评审

回头再看看表 12.1 的评估计划草案范例。在最后几个项目中，有一项是提案前评审会议。想确保你的提案能够最终获胜，就要在定案之前，先让对方评审一遍。设法让所有如期完成的工作都成为客户的功劳。它必须成为一份客户的提案，而非你的提案。在提案前评审会议进行之前，销售人员要先确认所有法律、技术、行政层面都已获得必要批准，所有价值都已经建立。如果这些项目尚未完成，你最好给采购委员会一个延后提交提案的借口。

在提案前评审会议期间，请让对方审查并确认所有的决策，哪些决策是在评估计划中需要由双方共同确定的。同时，也别忘记参考痛苦链，从每位关键人物的角度来检查组织的相互依赖性。检查所有价值验证要素指标及其他已完成的工作，确保没有需要改动的部分。

整体来说，这种做法应该能让采购委员会认同你已完成一些重大事项，包括：（1）你已和他们公司共同完成合作流程；（2）你了解他们的业务；

（3）你提供的能力能帮助他们解决重要问题；（4）你准备好帮助他们（通过你的产品与服务）从现状转变至目标状态；（5）你已建立令人信服的价值与效益（利用他们的数字）。最后，你还要帮客户确认没有任何变化。

在提案前评审的尾声，如果看起来一切顺利，你可以提议提早结案。你可以说："我知道贵公司预计在下周才决定是否批准此方案，但既然一切进行顺利，我们何不今天就批准此方案，让公司尽早享受这些能力所带来的利益？"如果评审结果令人满意，采购委员会自己便可同意提早结案。视委员会的反应而定，也可能因为竞争对手或某些项目需要完成，而安排另一次提案前评审会议。

有时候，尽管采购委员会很喜欢你的提案，但他们还是觉得应该多参考几家厂商的方案，再做出最后决定。此时，你就应该要求在其他所有厂商提案后，再与委员会会面。这让你有机会回应竞争厂商提案后出现的新问题。

有段关于罗斯·裴洛的故事我很喜欢。1957 年，裴洛从美国海军光荣退伍后，成为 IBM 位于德州达拉斯市资料处理部的销售人员。在 IBM 工作时，裴洛被告知要准备"黄页"提案（提案前评审的前身）。据传闻，裴洛为采购委员会的每位成员都准备了详细的笔记（使用黄色横格笔记纸），内容包括到当时为止购买流程中的所有活动与事项。他的目的是让大家检查草案的内容，并在提出方案之前，先了解客户对内容的想法。

如果他觉得一切进行顺利，就会提议提早结案，他甚至暂时离开现场，让采购委员会的成员可私下进行商谈。等到他回到会议室时，如果采购委员会还不准备接受提案，他便会拿起他的笔记，向大家解释。他会认为，这一定是由于他遗漏了什么，他们才不愿意进一步决策。然后在离开之前，他会向大家说，他会解决问题，然后再回来。

故事继续下去，裴洛从未让任何一次提案仅停留在草稿阶段。他的伟大事迹之一就是，他从不会对客户提出不会获胜的提案。

提升评估计划质量：成功标准

在评估计划中，有一个值得注意的项目，那就是对成功标准的衡量。整理成功标准清单的目的在于，确认项目是否成功及成功的时间。其做法相当简单和直接：先确定一条基准线，估算出解决方案执行之前的业务状况，监控执行过程并记录结果。

成功标准列出了买卖双方所认同的具体影响要素，等到执行新的能力后，便立即加以衡量。成功标准可能只有一两项，也可能是一份很长的清单，无论如何，这些项目一定要被加以量化，以供衡量。具体指标可能来自构建构想的会话，还可能来自价值验证中的项目。

建立成功标准对销售人员非常有帮助。从一开始它就能帮助销售人员建立可信度与信誉，这些是每段客户关系的重要组成部分。销售人员必须让客户买得放心，知道和他打交道的销售不会中途离开，以及销售人员真心希望客户可以获得全面的成功，而不是只关心自己的销售业绩。成功标准让销售人员确定基准，以评估售后的成效。一般来说，在结案之后就很难再回头寻找评估基准。

我建议你以季度为时间单位来评估业绩，不过实际的做法还要根据客户的业务情况而定（参考附录的成功标准）。

你的成功依赖于客户的成功

在评估过程中建立成功的标准，然后在稍后评估成功的程度，这会带来诸多益处。当你的客户在业务上能够达成可预测的变化，这对于客户和你而言都是一大成功。客户的成功经验会成为你下次销售可利用的参考案例。

参考案例让其他客户了解，谁使用了你提供的能力后降低多少成本，或者增加多少利润。要想获得令人信服的结果，就得在评估过程中先确定可以衡量的指标，并且进行售后服务，持续追踪与评估这些成功指标。请记住，现在的成功案例会成为以后的参考案例。

读书笔记

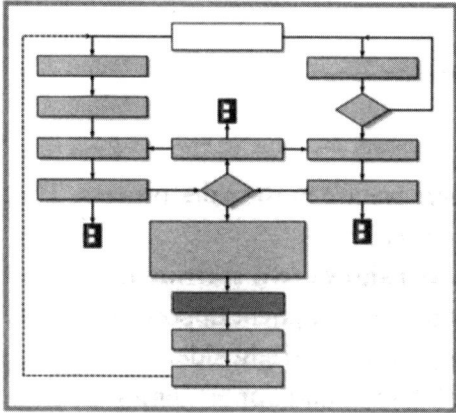

第 13 章

达成最后协议

　　某公司在美国佛罗里达州坦帕市附近举行全国销售会议，我被邀请到会发表演讲。有人事先提醒我，该公司总裁很有主见，我最好把他的意见纳入演讲内容。我事先致电该公司了解情况，以便让我的演讲内容更符合会议的主旨与总裁意见。

　　由于总裁行程紧凑，我们无法在会议之前会面，但他同意在会议当天到机场接我，这样我们可以从机场到会议现场的三四十分钟车程中有机会交谈。

　　简单寒暄之后，我问他："我该为销售人员传达的最重要信息是什么？"

　　他转头看着我，完全无视路况，把我吓得半死。他说："基斯，他们最需要得到的帮助是如何结案。他们需要学会如何请对方下订单，增加成交概率。我希望你多加说明如何提早结案、增加销售量，并且绝不接受'不'这个答案。"

他结束了简短但激昂的回答，此时的他紧握拳头，敲打方向盘，以示强调，然后问我："你做得到吗？"

我心想，我该对此人说什么呢？毕竟，我不认同他所说的做法，而且，这也不是我准备的演讲内容。我思考他的问题。我该现在回答，还是稍后再做回复呢？眼看上台演讲的时间就要到了。不过，我还是选择真诚面对自己，坚持信念，于是，我看着他说："这不是我的结案哲学，而且也不是我计划要演讲的内容。"

"你是什么意思，这不是你的结案哲学？"他说。

我非常自信地说："我不认同，也不教人们用你所说的方式来结案。"

"让我弄清楚，你是个销售顾问与销售培训师，但你不教人们如何结案？"

在我开口回答之前，他又说："如果你不打算谈结案，那我们为什么同意付钱请你来，担任我们的特邀主讲嘉宾呢？"

我看得出来他已经动怒。我想我最好向他解释我的思考逻辑，以免他半路停车。我对他说："我的确打算向贵公司的销售人员谈论如何成功结案。不过，我的重点不会放在这个位于销售周期尾声也即人人称为'结案'的时点上。"他的情绪开始平静下来，困惑地看着我，说："请继续说。"

于是，我向他说明："我相信结案是销售流程中进展的自然结果。如果销售流程中一切进行顺利，结案根本不是什么值得大惊小怪的事。若销售人员无法结案，通常是因为他们在销售流程早期做了或没做某些事。"

他不发一语，但他点点头，让我确定他认同我的话。我知道我已经引起他的注意了，于是继续说："请别误解我的意思——我常常在销售周期尾声又陷入谈判局面，让结案成为一大挑战。我将这种情况视为即将达成协议的障碍，无论你如何开展销售流程，或者之前采取哪些步骤，最后的障碍都是不可避免的。我今天本来就计划向大家说明这类状况。"他的脸上出现一丝宽慰。

我继续向他解释，销售研究证明，结案技巧与产品价格的高低有直接关系。换言之，当产品价格低，对购买者决策影响不大时，与结案相关的技巧比较能发挥效用。而在产品价格昂贵且影响很大的采购中，结案技巧似乎就没有什么用了，而且使用一些结案技巧，还可能产生负面效果。

我提出的这项研究，吸引了他的注意力，因为他的公司专门销售高价的战略性应用系统。于是我问："如果你知道有人在你身上使用结案技巧，你会有何感想？"他有点不自然地说："我不喜欢。"

结果，我的演讲相当成功。这位总裁邀请我协助他实施解决方案销售。

有关结案的谬论

市面上所有与销售相关的书籍一定会提及结案。以结案为主题的文章和著作远多于其他销售的话题。不过，尽管有那么多关于结案的资料，结案仍然是让销售人员最头痛的问题。

当我问销售经理："您手下的销售人员最缺乏什么技巧？"大部分回答都是结案。然后我继续问："您说在结案上面临问题，是什么意思？"典型的回答是："你知道的，请对方下订单、谈成生意、签订合同、获得业绩。"

多数企业都会将销售人员的业绩与结案技巧画上等号。理论是，如果销售人员达不到业绩，一定是由于他们的结案技巧有问题。我一直致力于协助个人与企业提升销售业绩，我可以毫不犹豫地说，所谓谈成生意的结案技巧根本不是什么大问题。我的客户常常发现，结案方面的真正问题在于一开始未充分界定或诊断潜在客户的痛苦。

结案是销售流程进展的自然结果

解决方案销售的结案哲学是，结案是销售流程进展的自然结果。最佳的结案境界并非结案本身。换言之，当购买者设想自己使用你的产品与服务来解决他们的问题，并了解迟迟不购买会造成什么样的负面影响时，结案便自然而然地发生。如果销售人员迟迟无法结案，可能表示他们未遵循适当的销售流程，或者省略了流程中某一重要步骤。

结案并非发生在最后你要对方下订单之时，它从一开始便已展开，并且贯穿整个销售流程。了解销售困境的最佳方式，便是执行条理分明的销售流程，而销售流程中要涵盖销售人员与销售经理能够衡量、评估与修改的明确里程碑。流程中的重要衡量点包括：找出问题、诊断问题、制定解决方案构想、接近权力支持者、控制购买流程与量化价值。

尽管我们的目的在于创造一个主动购买的环境，但这不表示你应该等到生意自行结案。你可以利用解决方案销售评估计划内流程的自然进展，也就是说，你提供给购买者一份可遵循的书面计划，而计划中的一部分便是获得书面承诺和签订合同。

我有一个很棒的结案故事，主角是 IBM 公司的软件销售人员。他一开始根本不想从事销售工作，IBM 公司雇用他担任系统工程师，到了 20 世纪 90 年代初期，由于业务萎缩，他才进入销售部门。我想有很多正在阅读本书的读者都有类似的经历。

这名 IBM 公司的销售人员遵循解决方案销售流程，成功地与某位客户签订了价值超过 5 000 万美元的合同。此外，IBM 公司提供的解决方案还帮助这位客户额外获得 10 亿美元的市场份额。

他是怎么做到的呢？他使用本书第 12 章中谈到的评估计划。计划中的每个步骤都帮助客户发现这套解决方案的价值。在评估流程最后，由于客户迫不及待想赶紧使用新产品，结案变得易如反掌。结案成为流程进展的自然结果。

因价值而结案

本书第 4 章提过价值主张的观念，当时，价值主张用来作为引起兴趣的销售辅助工具。如果你还记得，我将它称为初步价值主张。在结案时，初步价值主张已经发展完备。在评估过程中，它已经过研究、修改、证实与确认。现在可用来协助结案，因为数据已经过证实，所以成为客户拥有的数据。以下为结案价值主张的范例：

获得发现购车者偏好的能力后，ABC 汽车公司的存货持有成本可降低两成（一年可节省超过 1.08 亿美元的成本）。只要使用（贵公司名）的基于网络的商务智能解决方案，这样的结果便能实现。投资 250 万美元，在第一年即可获得 125% 的回报率。

请留意第一句"ABC 汽车公司的存货持有成本可降低……"而在初步价值主张中，我们会说："我们相信 ABC 汽车公司的存货持有成本可降低……"在经过确认、定案后的价值主张中，初步价值主张的拥有权已从销售人员转交给了客户。经过与潜在客户研究、证实，初步价值主张现在已经属于他们了。毕竟，销售人员与其公司相信可行与否并不重要。重要的是，潜在客户真心相信才行。

　　客户必须在销售流程中详细地分享信息，销售人员才有可能整理出结案所需的价值主张。例如，ABC 汽车公司目前的营销状况与存货分析已经过诊断，存货持有天数及其成本数据也已经挖掘出来了。利用基于网络的商务智能方案所节省的预期金额是经过研究与确认的。由于已知投资成本为 250 万美元，计算出第一年的投资回报率为 125%。这让客户及其公司有行动的动力，也提供给销售人员一个自然结案的方式。

结案面临的挑战：采购策略

　　多年来，我也学到不少采购策略。专业的客户与采购代理商学会了如何购买，就像销售人员学会如何销售、提高销售额一样。我希望你能留意几个常见方法，并给你提供了所需的应对策略与技巧。毕竟，无论对方如何对你有兴趣，都不表示他不会议价，每个人都想获得最划算的交易。销售人员必须具备谈判能力，并经得起客户在最后施加的降低价格、提高优惠条件等压力，这是结案的重要组成部分之一。

🔊 聪明的购买者

　　聪明的购买者是受过采购流程与议价方面培训的人，他们与谈判者最喜欢使用以下策略：

- 货比三家。

- 事先知道自己的定位。

- 每家厂商都分派一位支持者进行沟通。

- 永远不让你知道你有胜算。

- 永远不让你知道你毫无胜算。

- 用与偏好相反的顺序进行议价。

- 至少一次让你以为这场生意告吹了。

- 明白你的业绩期限。

货比三家。这个策略是指，客户被告知不要只拥有单一采购来源。专家告诉他们，如果只找一家供应商，就不可能获得最佳议价。找来越多供应商，对议价能力越有利，因为到最后竞争者越多，就越容易获得最优惠的价格。聪明的客户至少会找来三家供应商，如果评估过程复杂，则更是如此。

事先知道自己的定位。聪明的购买者会让自己及采购人员保持消息灵通，他们会事先确定在最后谈判中想要达到的目标。销售人员常常自视过高，事实上，他们的谈判技巧并不如自己所估计的那么好，而且多半是经不起考验的。专业购买者及采购专家受过专业的谈判训练，他们以采购为生。这表示，他们的谈判经验要比一般销售人员丰富得多。千万不要低估客户的谈判本领。

每家厂商都分派一位支持者进行沟通。客户会为每家供应商分派一位支持者，让他们分别积极参与评估流程，并确保在流程最终时，支持者会出现。如此一来，供应商会产生错误的判断，以为他们自己就是客户最偏好的 A 栏供应商，以为客户已经采用他们提出的购买标准来解决问题，以为与他们接触的支持者就是权力支持者。

　　永远不让你知道你有胜算。客户为何不让销售人员知道他极有胜算呢？答案是，这样的话销售人员会感到有压力，于是会提供折扣和更优惠的条件。简单的事实是：当你即将失败时，你会更加努力挽回。我之前也提过，客户学会尽量避免只有一家供应商。他们需要多家竞争者，这样客户才能获得最理想的合同。

　　永远不让你知道你毫无胜算。客户为何不让销售人员知道他即将失败呢？因为客户并不希望销售人员离去。要记得，客户希望拉长供应商竞争的时间，以确保最后做出最佳选择。多数聪明的销售人员若知道自己毫无胜算，都会立即离去。毕竟，为何要浪费销售资源在毫无希望的销售机会上呢？

　　用与偏好相反的顺序进行议价。这项策略对于销售人员来说更具有启发意义。如果你遇到这种事而浑然不知，最后发现已经太迟了，则你会备感沮丧。

　　客户学会先和排名最后的厂商议价。客户也许会先获得最佳条件与价格，然后利用这个结果和客户比较喜欢的供应商进行议价。

　　最后，客户和他们最中意的供应商进行议价。他们利用其他供应商所提供的低价格与优惠条件，来和位于 A 栏的供应商进行谈判。利用这项策略，客户便可先将价格压到最低，拥有足够的让步空间，然后想办法让 A 栏供应商降价。

　　仅这项策略，就有足够理由让销售人员必须重视他能为客户提供的价值，以此来抵挡降价压力。另外，使用权力支持者信函，以及知道你在评估表中的位置也很重要。请不要浪费时间与金钱，来追寻毫无可能的销售机会。

至少一次让你以为这场生意告吹了。客户会告诉他们最偏爱的供应商，他们决定和别人签约了。客户可能这么说："我知道你表现很好，但很抱歉，董事会临时删减了我们的预算，我没有办法支付之前我们谈定的金额。尽管我们不愿意，但还是得和别人签约。"客户会用这个策略，来促使他最有意向的供应商给出最佳的价格与最优惠的条件。

这项策略特别让人痛苦，并且难以忍受。如果销售人员不了解真实状况，便会恐慌，做出不必要的让步。销售人员必须学着了解这项策略。当然，如果你明了整个竞争状况，掌控购买流程，找出并证明你能提供能力的价值，就会容易得多。

明白你的业绩期限。客户非常清楚销售人员的业绩期限。月底、季度末、年末的销售业绩压力，让你的客户有机会狮子大开口，因为他们知道这些日期对销售人员的重要性。他们很清楚，如果拖延至某些对销售人员重要的评估时间点，就很可能得到更棒的结果。

这个困境很难克服，但如果你的业绩已经超过销售目标，就可以对他们置之不理。还有一个简单的策略，那就是不要告诉你的购买者，你有多需要在期限内完成销售额。不要平白无故地送给客户协商筹码，让他们自己设法打听这个消息。

谈判

在谈判期间，客户将销售人员视为一条毛巾。当毛巾吸满水时，多数人会怎么做？把它拧干，且滴水不剩，再也拧不出一滴水来。

无论在哪种谈判情况下，客户都会设法将销售人员榨干，直到他们认为已获得最佳的内容为止，其中包括产品价格与付款条件。销售人员越早给出底线、起身走人，则客户的压榨动作就会越早停止。

就算你打算和客户进行谈判，我也强烈建议你不要使用"可以谈"这句话。客户常常询问销售人员，谈定的价格是否包括某一项提到过的产品项目。如果销售人员回答："这是可谈的。"则暗示着其他客户也曾免费得到这项产品。同样，你一定要让客户相信，他们得到的是最佳的内容，这一点很重要。如果他们认为有些事情还可以协商，最后却又无法得到，这会让他们很失望。

解决方案销售的谈判原则

销售中时刻准备好客户会放弃。这表示当客户要求过多时，你必须能够抵抗住压力，有随时准备离开的魄力。你也许认为这说来容易做起来难，特别是当你尚未达到销售目标时。我能给销售人员最好的建议就是尽可能填满你的销售漏斗。拥有足够多的销售机会是销售人员与公司所面临的最佳状态。充足的销售机会能给予销售人员谈判优势，以及说"不"的能力。

在结案时机到时自然结案。不要让对方发现你急于结案。除非你的客户（及代表客户的谈判者）有权力做出购买决策，并且投资回报得到认同，法律、技术与行政层面的批准就位，评估计划完成，成本得到确认，否则还无法结案。如果你能想出任何无法结案的原因，你的客户同样想得出来。达成最终协议，对买卖双方而言都是繁重的工作。客户想达到他们的目的，销售人员也一样。双方皆有需要厘清情绪的障碍：客户必须相信他得到的是最好的，销售人员必须愿意中途抽身。销售人员必须了解到这一点，并为这两种状况做好准备。

🔵 在谈判前先行计划

请自问以下三个问题：（1）可以结案了吗？确认所有技术、法律与管理要求都到位了吗？（2）你愿意接受什么？先了解自己的底线。（3）你愿意给予什么？先准备好一份"付出/得到"表，分析你和客户的立场。"付出/得到"表分别列出了双方的兴趣与主要的考虑。它有助于谈判过程的进行，帮助双方达成满意的结果，并让你看起来更为专业。表 13.1 便是我们的"付出/得到"表范例，能帮助你为谈判做好准备。

表 13.1　"付出/得到"表范例

我们的优先顺序	得　　　到	潜在价值（千美元） ↔		付　　　出	预估客户优先顺序
1	量更大（交易量）	100	15	付款条件/特别财务要求	2
2	成为参考案例	?	20	培训折扣	1
3	省略产品展示/证明，以降低成本	15	10	短期租借执照	4
4	将生意介绍给其他需求相似的业务伙伴	?	10	产品证明费用退款	3
5	第二阶段软件支付日与第一阶段相同	2	1	降低软件成本	5
6					

续表

我们的优先顺序	得　　到	潜在价值（千美元） ⟷		付　　出	预估客户优先顺序
7					
8					
不会让步	1. 维修费用折扣 2. 免费咨询 3. ＿＿＿＿＿＿				

　　谈判之前，最好先计划好4件事：（1）你想得到什么？（2）你愿意付出什么？（3）谈判期间你绝不能付出什么？（4）每项付出和得到背后的价值。你应该设法找出每项付出和得到的相关价值，并决定它们的重要排序。我认为此时一定要保持弹性，并且试着了解每个谈判项目背后的真正利益。买卖双方都想扩大自己的利益，这是很自然的现象。

　　我曾和某位负责监督新应用软件实施状况的客户合作长达7年。此人的风险承受能力很低，因为他和几家供应商都有过实施失败的经历。对这位客户而言，降低风险远比压低价格更为重要。我知道他和我们公司一位实施专家罗杰·欧文斯有非常良好的合作关系。

　　由于这位软件采购者相当关心实施层面的事情，因此每次在我与他谈判之前，都会事先进行周全的计划。首先，我会确定罗杰在新产品实施当天是否有空参与，这是我准备提供的谈判筹码，我认为客户会希望罗杰能够参与其中。其次，我也先算出这需要花罗杰·欧文斯多少时间，让客户知道罗杰所贡献的时间价值。最后，我还准备了其他能够给予的项目，不过，我将实施风险列为最优先的项目。

别忘了有舍必有得的原则。在你做出让步时，不要平白无故地放弃某事，而不求回报。举例来说，你可能想将成交日期提前，或者将项目中的几个阶段合并起来，或者想让对方添购其他产品以扩大销售范围等。

🔊 不情愿地、缓慢地付出

说比做容易多了。不过，如果你知道你的解决方案为客户带来的真正价值，则做起来会比较容易。这一点非常实用。

准备抵抗来自客户的压榨。请做好心理准备，对方在谈判时至少会压榨你四次。你得准备做出四次抵抗行为。我建议你坚守成功销售公式中五项变数中的四项：痛苦、构想、价值与控制（痛苦×构想×价值×控制）。

不要白白付出。我已经提过这一点，但还要再提醒你一次：若对方要求你放弃某事项时，你也要获得相同价值的事项。而且要学会说："除非你先帮我，我才会帮你。"客户多半会问："例如哪些事？"此时，心理上已经有了变化，变成销售人员在放弃之前，先迫使对方做出取舍。

随时准备好放弃。销售人员必须学会在必要时候转身离去，就像客户也会作势宣告生意告吹一样。你的价值主张内容越好，你就越容易做到这一点。

对于那些尚未达到销售目标的销售人员而言，转身离去并不容易。此时，我建议由销售经理陪同销售人员进行谈判。急切的销售人员无法站在有利立场上来进行谈判。

🔊 风险评估

在购买决策与谈判中，风险的重要性远高于多数销售人员所能理解的程度。我认识一位退休的首席执行官，他曾领导的银行一度因成长过快而导致电脑系统性能滞后。于是，他开始寻找和考察主机系统供应商。该银行请来四家供应商进行比价，其中一家是 IBM 公司。等到所有评估工作告一段落，由这位首席执行官领军的采购委员会将 IBM 公司评为第三位。

不过，这位首席执行官开始做噩梦了，噩梦内容总是相同的：他梦到许许多多的钞票。只是梦中的钞票全都长了脚，每当他想伸手抓住时，它们就纷纷跑了。然后，他便从梦中惊醒。最后，他开始胡思乱想，如果现在选出排名第一位的供应商突然倒闭关门，或者重要技术人员跳槽，那么会发生什么事呢？总而言之，IBM 公司最后获得了这笔生意，不是因为价格最便宜，也不是因为技术最佳，而是与风险管理有关。对于故事中的这位首席执行官而言，最有价值的仍是个人的工作风险管理。

请找出权力支持者心中被列为最优先的事项。你可以翻回到图 2.4，参考购买者随时改变的关注点。要谨记，在销售流程的第三个阶段，价格已不是最重要的考虑要素，风险才是。这有什么意义呢？身为销售人员，我们首先要了解，风险是很正常的事。其次，我们可将降低风险作为转移价格因素的强大谈判战术。有时候，降低价格反而会吓倒客户，让他置身于更大的风险中。

谈判工作表

在解决方案销售中，我们制作出一份谈判工作表，以帮助销售人员事先预计并抵抗客户的压榨（见表 13.2）。这份工作表设计完成后，我问："资深的销售人员会不会使用这项销售辅助工具？他们是否有此需要？"

表 13.2　谈判工作表示例

今天是否能结案？	√ 购买的决策权？ √ 认同投资回报率？ √ 法律、技术、管理方面的支持？ √ 计划完成与否？ √ 是否了解成本变化？	财务副总裁 财务副总裁 √ 几个月	准备： √ 价格？ __ 条件？ __ 风险？
立场 1：计划	"我们的计划中明确规定下周一开始执行。这个问题值得拖延吗？"		
立场 2：价值	"我们在计算投资时，您曾表示，就算包括所有成本，回报金额还是比你们预测的高，而且此项目在 10 个月内就会损益持平。"		
立场 3：痛苦	"由于您一直未能达成新客户收入目标，所以我们花了 4 个月的时间进行研究，您若不能获得这些新能力，问题是不会消失的。"		

"要我让步的唯一条件是，您也要做出让步。"

客户可能问："例如哪些事情？"

"您是否能将第一阶段与第二阶段合并，让我们本季就将硬件装运出货？"

保持沉默！除非客户接受此条件。

"您若能将第一阶段与第二阶段合并，我们则愿意随产品附赠价值_____元的_____。我们是否能以此为基础，做进一步商谈？"

第一个问题的答案绝对是肯定的。至于第二个问题的答案，当销售规模过大，并且销售工作极为重要不容搞砸时，就有必要。身为销售人员，我们绝对要坚守立场。但在激烈的谈判中，常常容易失去立场。一份事先准备好的书面资料，能够帮助你渡过困境。

例如，谈判期间可能出现以下会话内容。

销售人员：您是否已准备好签约，开始使用新的系统？

客　户：是的，但我认为你还需要再降价。你不能指望我们会支付硬件的原价。

销售人员：［立场 1：计划］我不明白。我们的计划中明确规定下周一开始执行。这个问题难道值得拖延吗？

客　户：听好，我也不想拖延，但我们从来不按原价付款。

销售人员：［立场 2：价值］我们在计算投资回报率时，您曾表示，就算包括所有成本，回报的金额还是比您预测的要高，而且此项目在 10 个月内就会损益持平。

客　户：我们现在正在编制下一年的预算，我们今年需要多省点钱，挪到下一年度使用。

销售人员：［立场 3：痛苦］由于您一直未能完成新客户销售收入目标，所以我们花了 4 个月的时间进行研究。您若不采用这些新能力，问题是不会消失的。您难道不觉得仅仅解决这个问题就让这次投资非常值得吗？

客　户：我希望你现在能做出一些让步，好让我回去向委员会报告，让他们知道我在谈判中有所得。

奋力抵抗或出示底线都是一种心理战术，让客户知道你是不会轻易妥协的——至少不会在没有回报的情况下随意让步。就算让步，也得是有条件的让步。

销售人员：［意识到需要做出有条件的让步］要我让步的唯一条件是，您也要做出让步。

客　户：例如哪些事情？

销售人员：［销售人员的第一项"得到"］您是否能将第一阶段与第二

阶段合并，让我在本季就将硬件装运出货？

客户：可以，我们做得到。

销售人员：[唯有客户接受条件，再继续往下谈] 若您能将第一阶段与第二阶段合并，则我们愿意随产品附赠罗杰·欧文斯价值 2.7 万美元的咨询时间。我们是否能以此为基础，做进一步商谈？

以上对话只是为了让你了解，在进行谈判时可使用的战略与战术。在本例中，销售人员用免费服务（在科技行业中，降价空间不大）来交换底线优势。

在结案阶段达成最终协议时，我建议你：

1. 准备并使用包含结案事项的评估计划。

2. 整理一份"付出/得到"清单——知道你有权给予什么，知道你想得到什么，以及知道它们各自的价值。

3. 仔细思考你的谈判立场与有条件让步的内容。

4. 铺设强大销售漏斗——让销售漏斗中有足够的销售机会，以便增加你进行谈判的优势。

读书笔记

第 5 篇

流程管理

第 14 章

展开流程

我接到一位客户来电，是一位销售部副总裁，最近他被某位潜在客户的一个电话所困扰。这名潜在客户致电要求让某位销售人员不要再打电话到他的公司了，因为销售人员太过强人所难，又不专业。这位销售部副总裁请我花点时间，对这名销售人员进行一对一的辅导。他要我评估这位销售人员的技巧，以了解他是否用错了人。

和这名销售人员会面后，我很快便发现，他对老板要求我帮助他这件事感到不快。他觉得和我在一起是浪费时间，还不如把时间花在销售拜访上。与他交谈片刻，很明显，他并不把解决方案销售放在心上。他的销售观念是，只要对方愿意聆听，他便一股脑地介绍所有的产品，然后努力"克服"一切障碍，设法结案。在此人的字典里，没有"不"这个字。

我的话语和建议丝毫无法引起他的共鸣。最后，该说的都说了，我也尽力为他创建构想，他同意试试看。我们就是从那位不想再见到他的客户开始的。我要他寄上一封道歉信函，请求对方再给他一次机会。他随信附上一段解决方案销售的参考案例，并表示，若有幸能与对方再度接触，他会把重点放在客户的重要业务问题上，并提出能为他们带来可量化的改变的方案。另外，他还附上了问题诊断模式的范本，并说明若他有机会再访该公司，就会使用这套模式。

很幸运，这封信奏效了，对方给了他第二次机会。这一次，他使用九格构想创建模型为客户进行诊断，并且以权力支持者信函（附上评估计划的提案）作为后续跟进。潜在客户简直不敢相信他的转变。

在我和这名销售人员首次会面之后，不到 6 个月的时间，销售部副总裁再度致电，原来要求不要再让这名销售人员进入他们公司的潜在客户寄来一封信，副总裁将这封信的内容念给我听：

"我们现在是对您感到非常满意的客户。我们执行了贵公司的新自动化系统，结果超出了预期。我想告诉您，若不是您这位销售人员，我们也不会成为贵公司的客户。我们对他的第一印象并不好，但他很快消除了我们的担忧，确实与其他销售人员截然不同。他是唯一把重点放在我们业务上的销售人员，而且专心协助我们解决问题。其他人只想要推销他们的产品。这位销售人员堪称贵公司的宝贵财富。"

解决方案销售让企业与个人变得更有成效。不过，最大受益者还是客户。当销售人员使用解决方案销售来找出痛苦、诊断痛苦并创造构想时，客户便对他们购买的产品和服务有了实际的期待。采用解决方案销售人员提供的产品与服务，更容易帮助客户实现他们的目标。

着手实行解决方案销售并不困难。有许多销售辅助工具能帮助你在短期内亲眼见到显著效果。无论是学习新观念、应用新工具，还是从销售产品转变为销售解决方案，改变在所难免。本章将重点放在从产品销售转变为解决方案销售的做法，以及如何执行解决方案销售流程。在第 15 章与第 16 章中，我会继续说明销售人员与主管如何管理这些执行活动。

启动解决方案销售

销售人员启动解决方案销售的做法如下：

- 在销售流程中安排"客户开发时间"，以建立销售漏斗。
- 为你最常见的五大销售情境整理出痛苦表，以增进你的情境知识。
- 完成销售漏斗里程碑工作表，以此确认现有销售机会的里程碑状况。
- 将前三大销售机会转变成 C 级（销售漏斗里程碑工作表中的内容之一）。
- 进行三次创建构想的销售拜访，并且在事后一周内，向你的销售经理或其他负责人做汇报。
- 在首次销售拜访后 30 天内，将与权力支持者的会谈内容向你的销售经理或其他负责人做汇报。
- 收回客户拖延 30 天以上的提案。
- 为所有 C 级客户准备痛苦表、痛苦链与价值验证。

- 亲自访谈现有客户（终端用户与产品受益者），每个月更换最新参考案例。
- 利用销售漏斗分析工作表来预测销售收入达成情况。

为了协助销售人员执行解决方案销售，我将详细介绍以上各个项目，并辅以实例证明。请记住，解决方案销售是需要销售人员找出问题、创造构想的销售流程，也是为提升整体销售业绩所设计的销售方法。

在销售流程中安排"客户开发时间"

我曾在第 5 章中首次提到需要安排客户开发时间，但值得再次强调：抽出一成的时间，也就是每周 4～6 小时，来开发那些位于潜在的、尚未主动寻找解决方案的销售机会。关于客户开发销售辅助工具请参考第 5 章内容。

深入潜在区域来开发客户，能够帮助你提升创建购买构想的能力。如果你认真对待，并让客户开发工作成为销售工作的一部分，你将会受益匪浅。我之所以将客户开发称为神圣的时刻，是因为没有任何事情比客户开发更重要。你一定要确保为自己留出时间。如果能脚踏实地地执行，你便能够建立起更为良性的销售漏斗，提高销售成功概率。

为你最常见的五大销售情境整理痛苦表

客户最想和了解他们的、熟知他们所需能力的人打交道，我个人认为这一点非常关键。因此，请你一开始先准备出至少五份痛苦表，然后每个月增加一份，直到能完全涵盖你所面临的销售情境为止。想一想，销售人员要了解拜访对象的问题、痛苦的原因、对公司其他人员的影响，以及客户解决问题所需要的能力，这是多么重要。痛苦表能帮助你拓展情境知识，并协助你与客户展开对话。

📶 完成解决方案销售的销售漏斗里程碑图

如果要我挑选一个解决方案销售辅助工具做介绍，我会选销售漏斗里程碑。这些里程碑节点可以指引销售人员完成整个销售流程。每个里程碑（区域、合格的潜在客户、合格的支持者等）提供一连串需要完成的步骤与行动，并朝下一个里程碑节点迈进（见图 14.1）。这些里程碑能够帮助你找出、衡量与分析你所在的位置，以及对于销售漏斗中的每个销售机会应该采取什么样的行动。销售漏斗里程碑图有四大要素，分别位于表格中的四列。

1.　第一列的英文字母 T 到 W 分别代表各个里程碑节点：T=区域（Territory），S=合格的潜在客户（Qualified Suspect），D=合格的支持者（Qualified Sponsor），C=合格的权力支持者（Qualified Power SPonsor），B=决策定案（Decision Due），A=等候结案（Pending Sale），W=成交（Win）。

2.　成交的概率代表当前的销售机会可能成交的百分比。

3.　里程碑描述则识别所属的一般类别和标准，并为每位参与者提供共同语言。

4.　里程碑进度或活动步骤列出所有需要完成的活动。它们为销售人员提供行事路径的指示：告知他们的进度、方向及如何抵达目标。举例来说，如果你位于 D 里程碑，则你的支持者已承认痛苦，你和支持者已拥有双方认同的构想，对方同意继续探索与贵公司合作的可能性，也答应引荐权力支持者，而且将双方达成共识的内容整理在支持者信函中。

里程碑	成交的概率	里程碑描述	
T		区域	☐ 发现区域内的机会
S	10%	合格的潜在客户	☐ 满足市场标准
			☐ 发现潜在支持者
			☐ 建立初步联系
			☐ 支持者承认痛苦
			☐ 支持者有具有价值的购买构想
			☐ 支持者同意继续协商购买
			☐ 支持者同意引荐权力支持者
			☐ 在支持者信函中就上述事项达成一致
D	25%	合格的支持者	☐ 与权力支持者会面
			☐ 权力支持者承认痛苦
			☐ 权力支持者有具有价值的购买构想
			☐ 权力支持者同意继续协商购买
			☐ 提出评估计划
			☐ 就评估计划达成一致
C	50%	合格的权力支持者	☐ 评估计划谈判
			☐ 提案前评审
			☐ 请求业务
			☐ 商讨提案*
			☐ 收到口头支持
B	75%	决策定案	☐ 就合同进行谈判
A	90%	等候结案	☐ 书面签约
W	100%	成交	☐ 更新潜在客户数据库

图 14.1　解决方案销售漏斗里程碑

* 提交不成熟的提案不代表有进展。

里程碑图有个基本原则：你必须完成某一里程碑内所有活动，才算到达该里程碑节点。若有任何一项活动没法完成，则你的进度仍旧处于前一个里程碑内。

每个步骤都会帮助你完成一个重要里程碑，每个里程碑都是一个完整流程。里程碑让你评估自己的销售进度，其重要性不言而喻。若你销售的是高价产品，且每年成交数不多，则更不能忽略里程碑的重要性。在这种情况下，你就不能体验频繁的成功带来的成就感，但使用解决方案销售中的里程碑图能帮助你在里程碑节点上的成功体验成就感，并且让你随时知道自己在销售周期中的进度。

销售漏斗里程碑工作表

现在，你已对解决方案销售漏斗里程碑有所理解，就让我们实际练习这个分级技能（见表 14.1）。

你应该能立刻看出各个里程碑。里程碑行动步骤列于纵列，各个销售机会则列于横行。请简单填上你在解决方案销售各个步骤中的完成日期。一开始，你可能觉得这项工作是令人厌烦的，因为你以前从未使用该流程。没有关系，尽力而为。这项练习的价值，就在于找出你的未知。而本工作表能帮你评估销售机会的进度，让你了解自己是否完成各流程中的每个步骤或活动。在许多情况下，它还能帮助你看出执行状态。执行的差距让你了解需要采取哪些行动步骤。

表 14.1　销售漏斗里程碑工作表

销售机会	1	2	3	4	5	6	7	8	9	10	
											潜在机会或活跃机会
											潜在销售额
T											发现区域内的机会
											满足市场标准
											发现潜在支持者
S											建立初步联系
											支持者承认痛苦
											支持者有具有价值的购买构想
											支持者同意继续协商购买
											支持者同意引荐权力支持者
											在支持者信函中就上述事项达成一致
D											与权力支持者会面
											权力支持者承认痛苦
											权力支持者有具有价值的购买构想
											权力支持者同意继续协商购买
											提出评估计划
											就评估计划达成一致
C											评估计划谈判
											提案前评审
											请求业务
											商讨提案*
											收到口头支持
B											就合同进行谈判
A											书面签约
W											更新潜在客户数据库

*　提交不成熟的提案不代表有进展。

🔊 将前三大销售机会转变成里程碑 C 级

等你使用解决方案销售漏斗里程碑工作表,将现有销售机会分级之后,此时应该让你的前三大机会尽快走完流程。如果这些机会尚未达到 C 级,建议你尽快把它们晋升到 C 级。你可以从以下事项做起:

1. 与你的客户安排重新见面的会议。

2. 创建和明确购买构想。

3. 发送权力支持者信函(或支持者信函,如果这样更合适),并随信附上评估计划。

重新安排沟通会议不但可以厘清所有问题,而且可以帮助你确定你和客户站在同一立场。要求会面时,可能面临一些阻力,你可以告诉对方,如果他们愿意花时间与你会面,你会帮他们记录讨论的内容,这对每个参与者都有好处。

另外,也别忘了,你的客户可能需要你,就算拿你来填补采购评估表的空白栏也一样,你至少可以讨论生意的进展情况。如果你无法让对方同意与你会面,这绝对是个坏征兆。现在发现总比后来花了更多时间与资源才感到惘然要好得多。

会面目标要视目前所处的销售进度,以及已完成哪些步骤而定。请记得,C 级是指你已与权力支持者会面、对方承认痛苦、拥有购买构想,并同意评估计划的内容。如果你已进行至此,就平安了。

🔊 进行三次创建构想的销售拜访

这要在你的解决方案销售计划展开后一周内完成。你的目标是,与客户或潜在客户至少会面三次,以找出客户的痛苦,并使用九格构想创建模型来诊断客户的情况、制定解决方案购买构想。

向你的主管或第三方汇报你所采取的行动，其目的在于强化该模型的执行，并且将你的新销售行为变成习惯。这做起来很简单。你才刚刚读过本书或参加过培训，若不马上使用新知识，很快就会忘得一干二净。技能需要重复练习才会越用越熟练。

🔊 将拜访权力支持者的内容向经理做汇报

在你开始使用解决方案销售方法之后，至少在 30 天内都要把你与权力支持者接触的内容，汇报给你的主管。与权力支持者会面及讨论的内容实在是太重要了，值得听听别人的意见。对许多人而言，与权力支持者进行有意义的讨论是最大的销售挑战。将讨论状况转述给你的主管或其他资深同事，能帮助你建立你的情境知识深度。

同样，它也能强化解决方案销售流程。

🔊 收回客户拖延 30 天以上的提案

收回超过 1 个月仍无回应的提案，让你拥有更多自由时间。以我的经验来看，如果有超过 30 天悬而未决的提案，潜在客户迟迟不承诺合作，那么你就不可能得到这笔生意。所以，请不要再浪费时间。

销售人员常常不愿听从这项告诫。他们会说："哦！再等等，我有预感他们会购买。相信我。"不过，收回提案将能测试对方是否真正感兴趣。客户可能受此一激，而想再跟你谈谈。如果这样，就请你继续努力。否则，放弃这个机会吧。这让你在心理上与身体上都得到解放，更能专注于其他销售机会。

为所有 C 级客户撰写痛苦表、痛苦链与价值验证

这项建议的目的，在于确保你知道并了解客户的问题。要记得，人们通常需要急切的理由才会采取行动。了解痛苦、痛苦对他人的影响，以及解决痛苦所带来的价值，将能够帮助你将你的方案销售给客户提供迫切的理由。将这些问题以书面方式呈现，你自己也能清楚地看出解决方案的价值。当你自己对此深信不疑时，就更容易帮助潜在客户了解了。叙述故事时，如果自己身临其境或拥有第一手信息，就会更容易，也更有成效。

每个月更换最新的参考案例

定期与现有客户会面。若听到成功案例，请将它们收集起来并加以留存。解决方案销售的参考案例格式，能让销售人员利用客户过去的成功来吸引新的销售机会。毕竟，其他处境相同的客户曾解决了自己面临的问题，谁不对此感兴趣呢？

参考案例来自与权力支持者、支持者、受益者及使用者的交谈内容。请与你的客户保持联络，以收集有价值的信息。

利用销售漏斗分析工作表来预测销售收入

判断自己是否能完成业绩目标，这是销售人员的重要职责之一。不过，我发现销售人员大部分是胡乱猜测。在解决方案销售中，我们开发了一套销售漏斗分析工作表，帮助销售人员确认自己能否达成业绩目标。而销售经理也可使用同一套工具，来预测整个部门或公司的销售业绩目标。

这项分析以销售漏斗为基础。决定能否完成营业收入的三大要素如下：（1）今年以来已结案的金额或业务数量；（2）目前位于销售漏斗中可望结

案的业务;(3)尚未进入销售漏斗,但可望在今年或结算前结案。图 14.2
说明了这三项要素。根据你目前在会计年度中的不同时点,相应地有不同
的做法。

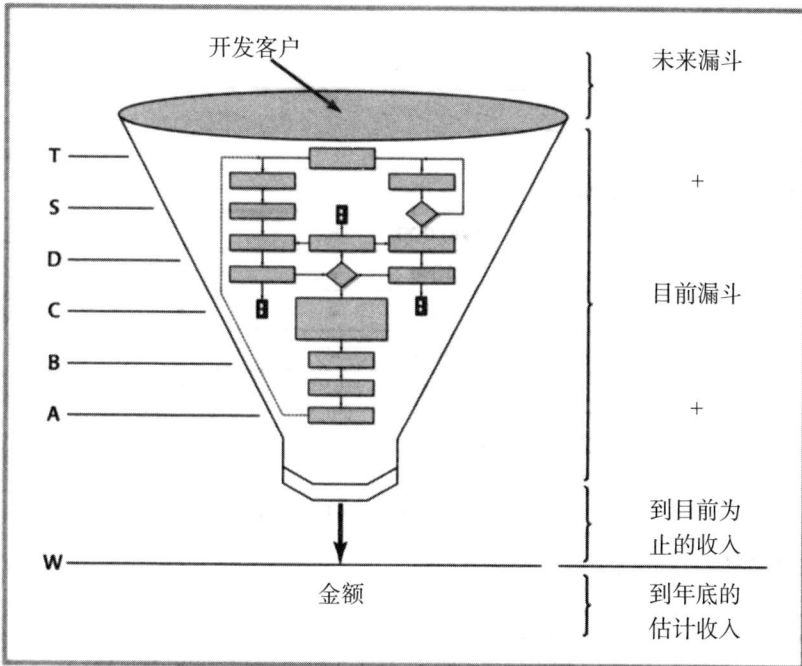

图 14.2 销售漏斗

要了解销售漏斗与销售漏斗分析工作表(见图 14.3),关键是要清楚:
销售流程就是销售漏斗,而销售漏斗就是销售流程。

当分析销售漏斗时,便将销售机会引入了销售流程,如表 14.2 所示,
的销售代表亚当斯到 3 月 1 日为止的销售漏斗报告。

A 销售任务：					
B 平均销售时间：					
C 平均销售机会规模：					
D 当前月份：					
E 没有在"成交"阶段反映出来的今年以来的结案金额：					

F 里程碑节点	收入（美元）	×	成交概率（%）	=	产出量（美元）
合格的潜在客户（S）		×	10	=	
合格的支持者（D）		×	25	=	
合格的权力支持者（C）		×	50	=	
决策定案（B）		×	75	=	
等候结案（A）		×	90	=	
成交（W）		×	100	=	
			漏斗产出总量（美元）：		

G 可见的销售收入（E+F）：	
H 缺口（A–G）：	
I 可能的额外产出（F÷B×剩余的月数）：	
J 剩余的缺口（H–I）：	
K 需要的新销售机会（J÷C×10）：	

图 14.3　销售漏斗分析工作表

表 14.2　销售漏斗报告示例　　　　　　　　　　单位：千美元

销售代表	指标	S		D		C		B		A		W		总计
		10%	数量	25%	数量	50%	数量	75%	数量	90%	数量	100%	数量	数量
亚当斯	2 000	1 725	17	1 490	10	526	5	75	2	75	2	119	3	4 010　39

在这份销售漏斗报告中，亚当斯全年销售目标为 200 万美元，而他目前的销售漏斗中，共有价值超过 400 万美元的销售机会。他是否能达成目标呢？多数人看到这份表格都会给予肯定的答案，毕竟，新年度才刚开始不久，他的销售漏斗中就已经有超过配额两倍的销售机会。

销售漏斗分析工作表能将以往的表现，换算成目前销售漏斗中的"良性的生意机会"与未来销售业绩的预测，或是本年度可望在目前销售漏斗中获得的生意量。

让我们先看看图 14.4 中的数据。销售任务为 200 万美元，报告月份为 3 月。平均销售机会规模是将销售漏斗中的总金额，除以总机会数 39 而来的。在本例中，今年以来的结案金额为 20 万美元。另外，还要估算出平均每笔生意的销售时间，在本例为 6 个月。

利用销售漏斗分析工作表，算出从目前销售漏斗可望获得 105.45 万美元的销售额。将每个销售等级换算出的营业收入，乘以成交概率，便得到这个数字。然后再加上今年以来已结案的 20 万美元，便得到 125.45 万美元的业绩预估数字。根据到目前为止的计算结果，今年要达到 200 万美元的目标，尚有 74.55 万美元的缺口。

我们需要进行推断，算出年底以前的额外销售收入。这段预估时间是从现在开始的 6 个月销售期结束以后剩余的时间。以目前的销售漏斗来看，6 个月能达成 105.45 万美元的营业收入，而现在是 3 月，6 个月之后还有 4 个月的时间，假设情况相同，4 个月除以 6 个月，再乘以 105.45 万美元，则得到 70.3 万美元，也就是年底前 4 个月可能结案的生意金额。这并未将季节性因素列入考虑，但如果已知任何季节性因素，都可列入计算。

数据

A	销售任务：	200 万美元	B	平均销售时间：	6 个月		
C	平均销售机会规模：		10.3 万美元	D.	当前月份：		3 月 1 日
E	没有在"结案"阶段反映出来的今年以来的结案金额：			20 万美元			

F	里程碑节点	收入（千美元）	×	成交概率（%）	产出量（千美元）
	S	1 725	×	10	172.5
	D	1 490	×	25	372.5
	C	526	×	50	263
	B	75	×	75	60
	A	75	×	90	67.5
	W	119	×	100	119

		漏斗产出总量（千美元）	1 054.5
G	可见的销售收入（E+F）：		1 254.5
H	缺口（A–G）：		745.5
L	可能的额外产出（F÷B×剩余的月份数）：		
J	剩余的缺口（H–I）：		
K	需要的新销售机会（J÷C×10）：		

图 14.4　包含数据的销售漏斗分析工作表

将之前所得 125.45 万美元加上最后 4 个月预估的 70.3 万美元，得到 195.75 万美元，则今年要达到 200 万美元的销售任务，尚有 4.25 万美元的缺口。

预估数字不足配额，你可采取以下行动。

增加成交胜算。 遵循流程，多拜访几位权力支持者，这些人无论职衔如何，他们都是有权力做出购买决策或对他们想要的产品有影响力的重要人士。与权力支持者接触后，销售流程通常会加速。

缩短销售时间。 你可以利用这套流程，尝试直接为销售机会提出评估计划。你还可以试着让客户尽早同意购买，或是提早展开项目。

增加销售机会的规模。你可找找是否有增加销售规模的机会。利用痛苦链描绘出客户全公司各部门所受的影响，然后开始对各部门交叉销售其他产品与服务。

找出更多位于 S 的机会。换言之，如果现在仍为季度上旬，而你的销售时间又不长，就可以多开发几个新客户，找出新的销售机会。

我在本章中从销售人员的角度，来说明如何展开与实施解决方案销售流程。接下来，我将探究销售经理在实施解决方案销售时所扮演的角色，并再为销售人员与销售经理介绍几个销售辅助工具。

读书笔记

第 15 章

解决方案销售管理系统

　　本章将涉及三方面内容：（1）介绍销售管理系统，帮助销售经理提升业绩；（2）介绍销售预测的方法与销售辅助工具；（3）建议展开解决方案销售流程的具体方法。

　　销售经理必须清楚一点，销售人员的个人辉煌业绩绝非偶然。尽管大部分世界级的运动员都具有一定的天赋，但他们的才能要经过持续不断的培养与训练，才能发挥最大潜能。实际上，销售人员也一样。天生的销售明星并不多见，大多数销售人员都需要销售流程与专业的培训。销售经理的最重要角色就是做教练和良师。这样的要求对那些刚刚上任的销售经理可能是一项挑战。

研究结果发现，优秀的销售经理会遵循一套销售流程，并使用销售管理系统进行日常管理。当需要发展与培训销售人员时，他们就会利用在这两个领域的专业知识来确保最终销售的成功。

如果你是一位销售经理，想要成功管理团队中的销售人员，关键是"一致性"。这也是销售人员期待你能够做到的。如果销售人员需要帮助，你会采取一种有效的与销售人员保持一致的做法，而且不会过度挑衅，质疑他们的决定。身为销售经理，最好有一套销售流程与销售管理系统，随时提示你找对问题，问对问题。适当的问题能够指引销售人员获得积极正面和可预期的结果。销售成功的概率和销售经理的领导才能存在着直接的关系。

领导力的重要性不言而喻。销售经理必须以身作则，在全公司使用一致性的语言，并能够提出适当的好问题。他们对销售目标、销售进程和销售团队拥有适当的预期，且有效传递这些信息。他们必须制定出目标和衡量标准，他们还必须鼓励与培训个别销售人员，从而获取最大化的销售成果。

销售管理标准

大多数销售经理竭力想达到三大成功标准：（1）实现销售收入目标；（2）准确预测销售业绩；（3）培训与培养团队成员以完成任务。这三个标准会随时间而改变，但它们始终是销售经理最需要重视的三件事。

SPI（Sales Performance International）近日针对 134 家不同企业的销售经理的问卷调查显示，不准确的销售业绩预测已成为销售管理工作的严重挑战。调查结果指出，在所有销售经理遇到的挑战中，采用不正确销售预测数据(54%)远多于销售收入下滑(49%)或采取不恰当的辅导方式(34%)。

销售经理当然不愿意销售收入目标无法达成，但是他们往往会因为销售预测不准确而自责。这也难怪，现今许多企业都经营不善，导致内部产生十分敏感的工作氛围，因为企业高层管理者需要随时知道自己所处的环境状况和业绩情况，因此销售经理面临的极大压力均来自高层，特别是那些上市公司，更是如此。那些无法全面掌控业务状况的管理团队，往往得不到市场的正面反馈，一旦销售预测错误，其市场反应就特别明显。

销售预测错误的原因有很多。无论是经济状况、对销售漏斗的误解、客户预算的删减、竞争的加剧、市场的变化、产品性能不佳还是供给不足，都会影响最终的销售收入预测。来自客户的期待让企业压力加重。准确地进行销售预测有助于制定工作目标、保持适当的存货水平、维持生产质量，最终能够达成销售收入目标。因此，准确预测是销售经理最为重要的职责之一。

销售预测面临的挑战

在过去，销售预测只依靠销售经理的经验来判断，而销售经理又必须依靠销售人员提供意见来做出判断。不过，随着销售方法与销售流程的出现，销售经理实际上需要根据客户的意见，来追踪销售活动或销售漏斗中的里程碑事项，以增进销售预测的准确性。

对于那些科技公司，或是产品服务高售价的企业，准确预测的挑战就更为艰巨，因为它们拥有冗长且高度复杂的销售周期。有些业务得花上一年的时间才能结案，因此这些公司需要让销售预测更为可靠、更加系统、更具流程导向，这一点并不令人感到意外。

企业的首席执行官最常问销售经理的问题是："你能否完成销售目标？"销售主管必须回答这个问题，而且还得正确回答才行。我发现，如果销售经理对这个问题感到不舒服的话，很可能是因为销售预测并不符合实际情况。因此，销售经理总会担心无法完成高层期待的销售业绩指标。这样的挑战可能永远都不会消失，若要降低其风险，只有两种做法：建立可靠的销售流程与销售管理系统。

解决方案销售管理

我们开发解决方案销售管理系统的目标，是帮助销售经理做到：（1）达成销售收入预期的目标；（2）准确地预测销售收入；（3）辅导与培训销售团队成员以完成销售任务。

图 15.1 是这套销售管理系统的流程图。本系统以第 14 章介绍的解决方案销售里程碑为基础，诊断与辅导（左方纵轴）为两个主要功能。程序如下：销售经理需要诊断销售漏斗内的销售机会及其质量，其中还包括个别机会；发现某些结果，并采取补救行动；可采用两种辅导方法——机会辅导和技能辅导。所有的行动都会有后续追踪，并且反映在报告中，以便得到更准确的事实。现在，我将分别讨论诊断与辅导。

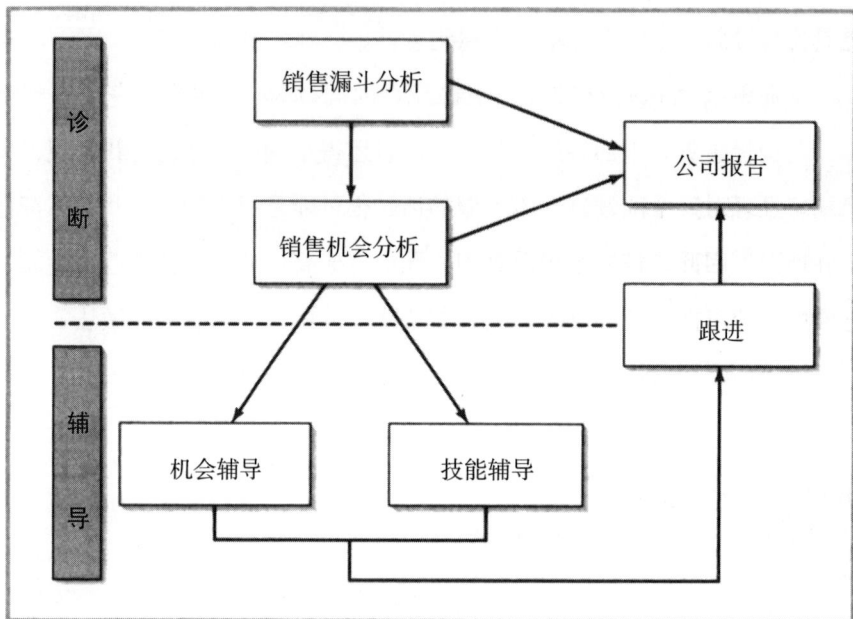

图 15.1　销售管理系统流程

🔊 诊断

销售漏斗是销售管理系统的基石。销售漏斗中包含了关于最后能带来销售收入机会的信息。无论销售漏斗的信息是自动整理的还是人工整理的，销售经理很少获得如何诊断销售漏斗的方法。

诊断工作包括销售漏斗分析与销售机会分析。销售漏斗、销售漏斗报告与销售漏斗分析是销售经理必备的基本技能与工具，就像财务人员必须熟悉和应用资产负债表和损益表一样。

当你分析某一销售漏斗时，应该注意哪些事项呢？要找出什么差异呢？你需要找出以下项目：

- 销售漏斗的整体状况，包括季度、年度与未来设定的销售收入目标金额。

- 销售漏斗中的瓶颈。

- 有缺陷的销售行为，如无法接触权力支持者等。

- 销售支持的缺陷，如售前技术支持不足。

- 需要立刻弥补的市场营销弱点。

- 销售周期与剩余时间不足。例如，销售业绩能否达到预期目标？可能的销售收入目标是否能在规定的时间内完成？

通过评估销售漏斗中的销售机会，你便能够推断出来可能获得的销售收入，无论是短期预测还是长期预测，都是可以做到的。你可以比较销售漏斗的形状，也就是销售机会在各个里程碑中的分布状况，找出瓶颈问题所在。

另外，你还可以比较各里程碑节点上销售收入分布的状况，并根据实际数据改进预测指标。由于你使用的是客户可验证结果的活动来界定你的销售流程步骤，因为一切行动的效果都会大幅提高。

销售团队漏斗分析。请参看表 15.1。这份报告显示了某销售团队的销售漏斗分析。第 14 章介绍过销售漏斗分析报告，当时是从个体销售人员的角度来看这份表格的。

表 15.1 包含了八位销售人员的销售数据，每位销售人员都列出他的销售目标金额及其所处各里程碑内的业务状况。最右边两列为销售收入合计数据与业务数量合计数据。表格下方则是整个销售部门未加权与加权收益合计数据。倒数第二行的合计数据乘以第二行的各里程碑分级的收益概率，便得到最后一列的部门总收益数据。

表 15.1　销售团队漏斗报告　　　　　　　　　单位：千美元

销售代表	指标	里程碑分级											总计	
		S		D		C		B		A		W			
		10%	数量	25%	数量	50%	数量	75%	数量	90%	数量	100%	数量		数量
亚当斯	2 000	1 915	31	146	10	27	3	5	1	8	3	10	4	2 111	52
庞德	2 000	3 034	49	1 988	26	631	15	268	4	70	7	89	7	6 080	108
张	3 000	3 400	11	2 072	7	530	3	9	1	602	5	1 000	6	7 613	33
戴维斯	1 000	376	7	818	8	240	15	389	4	11	1	15	2	1 849	37
依迪斯	3 000	2 769	40	2 130	19	499	8	38	3	53	5	60	6	5 549	81
费雪	3 000	2 529	11	97	1	165	1	9	1	0	0	2	1	2 802	15
高梅兹	4 000	384	3	6 281	14	3 045	4	0	0	0	0	1	1	9 711	22
哈特	2 000	2 845	14	1 373	18	121	3	30	2	6	2	10	3	4 385	42
总计	20 000	17 252	166	14 905	103	5 258	52	748	16	750	23	1 187	30	40 100	390
收益		1 725		3 726		2 629		561		675		1 187		10 503	

尽管该部门正在进行的销售机会金额合计为 4 010 万美元，但换算成实际收益只有 1 050.3 万美元。这是完全不同的结果！不过，如果你知道销售机会金额总和与销售目标金额的对应关系，再来分析这些合计的数字，是否会有帮助？例如，你目前已经超过还是低于销售目标？若有不足，不足是多少？你该怎么办？

销售漏斗分析工作表。第 14 章详述了个体销售人员如何利用销售漏斗分析工作表来改善销售业绩。现在，我们进一步使用它来分析整个销售团队的销售漏斗情况。

你能够准确评估目前销售漏斗中的有效业务量吗？你能预测出未来业务量吗？你能否回答以下问题："你今年能达成业绩目标吗？"我相信，如果你使用我们的销售管理系统，你就能做到这一点。

看表 15.2 的销售漏斗分析工作表示例，并留意以下几点：

- 平均销售机会规模（C 栏）是将表 15.1 的销售团队销售漏斗报告的总金额 4 010 万美元除以总机会数 390，得到平均销售机会规模为 10.3 万美元。
- 今年以来，也就是 1 月与 2 月的结案金额（E 栏）已知为 200 万美元，并未反映在销售漏斗中。
- 在本例中，我们从过去的经验得知，每个机会的平均销售时间为 6 个月。
- D 栏显示目前月份为 3 月。平均而言，这表示这份工作表涵盖 3~8 月中可望结案的销售机会。
- F 栏显示整个销售团队的现有销售漏斗总收益。
- I 栏显示未知收益（目前销售漏斗未涵盖但可能在年底以前获得的额外收益），包含了 9~12 月的收入。
- J 栏显示尚不足的销售收入金额为 49.5 万美元。

我们可以利用这份销售漏斗分析工作表，预测可能出现的销售收入缺口，并采取相应的补救措施来弥补差距。如果你正面临销售收入有缺口的情况，你可以采取以下四种做法。

表 15.2 销售漏斗分析工作表示例

A	销售任务：200 万美元					
B	平均销售时间：6 个月					
C	平均销售机会规模：10.3 万美元					
D	当前月份：3 月					
E	没有在"结案"阶段反映出来的今年以来的结案金额：200 万美元					
F	里程碑节点	收入（千美元）	×	成交概率	=	产出量（千美元）
	S		×	10%	=	1 725
	D		×	25%	=	3 726
	C		×	50%	=	2 629
	B		×	75%	=	561
	A		×	90%	=	675
	W		×	100%	=	1 187
				漏斗产出总量（千美元）：		10 503
G	可见的销售收入（*E*+*F*）：					12 503
H	缺口（*A*–*G*）：					7 497
I	可能的额外产出（*F*÷*B*×剩余的月份数）：					7 002
J	剩余的缺口（*H*–*I*）：					495
K	需要的新销售机会（*J*÷*C*×10）：					48

做法一。你可以要求整个销售团队开发额外的销售机会。问题是，还要开发多少个机会？如果你选择做法一（销售漏斗分析工作表的 *K* 栏），你必须知道需要新开发多少个销售机会。在本例中，只要将 49.5 万美元（*J* 栏）除以 10.3 万美元（*C* 栏），则得到 4.8，表示你还需要 4.8 个新销售机会才能弥补差距。不过，你还需要再进一步采取行动。由于在 S 里程碑节点中，10 个销售机会里只有一个会成功结案，所以要将 4.8 再乘以 10。也就是说，实际上你需要开发 48 个新销售机会，才能弥补缺口。所以，你要加紧开发新客户才行。

做法二。你可以请销售人员增加销售机会的平均规模。你们可以回头选择销售漏斗中几个适合的销售机会，试着将销售规模扩大，把单子做大。

做法三。你可以和销售人员一起努力提升某些销售机会的胜率。举例来说，若销售人员尚未接触权力支持者，你可以敦促他们加快接触权力支持者的速度，或者你可以检查他们的评估计划，并协助改善其内容。你还可以提高客户的感知价值。

做法四。你可以和销售人员一起努力缩短销售周期。举例来说，对于那些尚未进入评估计划阶段的销售机会，你可以辅导销售人员缩短他们的销售周期。至于已经进入评估计划阶段的销售机会，则要求销售人员与对方协商修改须完成的事项与时间。

无论你选择哪种做法，你现在都有能力估算出你是否能达到销售收入目标。在本案例中，让人比较安心的是，销售团队还有 10 个月的时间来弥补 3 月 1 日所发现的业绩差距。销售预测的工作让销售经理可以避免在年终的 12 月成为热锅上的蚂蚁。

在我们的培训中，学员学到更多销售漏斗机会确认与分析的做法。例如，他们学会如何分析销售机会，销售机会是否在销售漏斗中持续向前。他们还学会确认销售收入是否能在特定的季度入账。我们的销售管理系统能够解决诸如此类的问题。

🔊 辅导

请回到图 15.1。你已经学会诊断销售漏斗的方法（包括销售人员个人的和销售团队的销售漏斗），现在可以采取例外管理（Manage by Exception）来改善销售工作了。这么做既能节省费用又能节省时间，而且例外管理可协助销售人员着重于优先级高的工作事项。

销售经理进行销售机会的分析时，便进入了教练辅导模式。销售经理应该以达成销售为前提，在每个短期销售机会中辅导销售人员，如果有必要，也要教授销售技巧，以促成长期的销售绩效改进。

"保持一致性"是成为优秀教练的关键。销售流程明确规定了销售活动与执行标准，提供了一致性的行为模式。我发现销售经理如果没有明确的销售流程，真的很难做到有效地进行销售辅导。在大多数体育比赛中，教练不会亲自上场，只有运动员在场上比赛。销售工作也一样。但是，遗憾的是销售经理常常全面管理销售机会，而很少对销售人员进行辅导、指导和培训。

想要做到有效辅导，销售经理应该：（1）根据客观信息辅导处于关键销售机会中的销售人员，而非根据销售经理自己的主观信息；（2）亲自参与并定期进行辅导、组织培训、解决销售技巧的问题、强化销售流程。大多数企业和销售经理喜欢招聘有经验的销售人员，他们认为有经验的销售人员知道如何进行销售。然而事实并非如此，就算最优秀的销售人员要想保持业绩巅峰状态也需要持续培养与辅导。

销售管理辅助工具。销售经理可使用以下两种辅助工具关键机会检查清单和销售强度检查表，客观地确定某个销售机会的状态，并发现销售人员潜在的缺点。

关键机会检查清单。这份清单能帮助你跟进销售人员在某个销售机会中的执行进度（见表 15.3）。此外，还为销售经理提供一份销售进度的确认清单，协助评估每位销售人员的实际进度。

表 15.3　关键机会检查清单

竞争策略＿＿＿＿＿＿＿＿＿＿＿＿＿	检查下列项目以确认销售状态 进行机会评估以支持策略
T　☐ 发现区域内的机会	→ 机会或区域机会
☐ 满足市场标准	
☐ 发现潜在支持者	→ 潜在支持者姓名与职称
S　☐ 建立初步合约	→ 业务发展信函或会话进行日期
☐ 支持者承认痛苦	→ 支持者清楚地说明痛苦
☐ 支持者有具有价值的购买构想	→ 支持者清楚地说明有所区别的构想
☐ 支持者同意继续协商购买	
☐ 支持者同意引荐权力支持者	→ 权力支持者的姓名与职称
D　☐ 在支持者信函中就上述事项达成一致	→ 发送支持者信函，对方认同其内容
☐ 与权力支持者会面	→ 会话进行日期
☐ 权力支持者承认痛苦	→ 权力支持者清楚地说明痛苦
☐ 权力支持者有具有价值的购买构想	→ 权力支持者清楚地说明差异化的构想
☐ 权力支持者同意继续协商购买	
☐ 提出评估计划	→ 发送权力支持者信函，并附上评估计划草案
C　☐ 就评估计划达成一致	→ 修改评估计划，内容定案
☐ 评估计划谈判	→ 第一步骤完成（完成信函的步骤）
☐ 提案前评审	→ 提案前审查日期、时间及与会者姓名
☐ 请求业务	→ 向谁提出要求？对方有何反应？
☐ 商讨提案	
B　☐ 收到口头支持	→ 谁口头同意？有何意义？
A　☐ 就合同进行谈判	→ 双方人员？达成哪些共识？（谈判工作表）
W　☐ 书面签约	
☐ 更新潜在客户数据库	

支持者姓名/职位：	权力支持者姓名/职位＿＿＿＿＿＿＿＿
痛苦：＿＿＿＿＿＿＿＿＿＿＿＿	痛苦：＿＿＿＿＿＿＿＿＿＿＿＿
原因：＿＿＿＿＿＿＿＿＿＿＿＿	原因：＿＿＿＿＿＿＿＿＿＿＿＿
构想：＿＿＿＿＿＿＿＿＿＿＿＿	构想：＿＿＿＿＿＿＿＿＿＿＿＿
价值：＿＿＿＿＿＿＿＿＿＿＿＿	价值：＿＿＿＿＿＿＿＿＿＿＿＿

　　快速查看销售情况后，再来确定里程碑节点。举例来说，如果该机会
处于 D 级，则销售经理应该要求查看支持者信函。支持者信函是非常好的
确认点。检查信件的内容质量，并确认客户对这封信函的内容是否认同。

　　若没有信函，则里程碑节点就无法确认。无论是口头还是书面，你都
需要发送支持者信函，以确认销售机会真实的里程碑状态。

　　如果有支持者信函，则销售经理要检查六大关键点：痛苦、痛苦原因、
购买构想、同意继续探究销售合作、商讨接触权力支持者及能力证明。这
样销售经理便能够确认销售人员与潜在客户进行了恰当的沟通。如果销售
经理对信函内容感到满意，则可确认这个销售机会处于里程碑 D。若不满
意，则将它重新放回里程 S 或里程 T。确定之后，经理再讨论如何将这个
机会推进至下一个销售阶段。这样做可以帮助销售人员将工作重心放在提
升成交胜算的具体行动上面。

　　表 15.4 提供另一种观察与诊断的方式，帮助销售经理了解销售人员无
法提升销售进程的困难所在。

表 15.4　销售困难

停滞不前	典型原因
T 到 S	● 开发客户的工作低效
S 到 D	● 难以让支持者承认痛苦 ● 无法有效制定或重塑构想 ● 难以确认权力支持者 ● 无法成功协商接触权力支持者
D 到 C	● 无法确认权力支持者 ● 难以让权力支持者承认痛苦 ● 无法有效制定或重塑权力支持者的构想

续表

停滞不前	典型原因
D 到 C	• 无法让权力支持者认同评估计划
C 到 B	• 提案后，无法掌控 • 无法让客户看到有力的价值 • 难以和客户同步（太早提案） • 未能事先计划
B 到 A	• 谈判困难

销售的困难有很多，有些比较严重，有些比较轻微。销售经理也经常使用表 15.4 来找出销售人员无法推动销售进程的困难所在。举例来说，如果销售人员迟迟无法将销售机会从里程碑 D 推至里程碑 C，则销售经理需要留意可能的原因：（1）无法确认权力支持者；（2）无法让权力支持者承认痛苦；（3）无法有效制定或重塑权力支持者的构想；（4）无法让权力支持者认同评估计划。

这个方法有助于从流程执行的角度来了解销售机会真正的进度。它帮助你了解还需要多少资源才能结案，不过，仅仅用它来判定销售进度，还不足以做到准确的销售预测。销售强度检查表能够协助判断销售的质量和销售的进度。

销售强度检查表。我在第 2 章中介绍了成功销售的公式涵盖五大要素：痛苦、权力、构想、价值与控制。经验显示，如果我们将资源和精力放在这五项要素上，就能够提升销售成功的概率。销售强度检查表有以下三种功能：评估销售五项要素、评估销售机会强度，以及确定结案还需要多少投入（见表 15.5）。

表 15.5　销售强度检查表

支持者	痛苦评分	权力支持者
0	销售人员无法描述需求、痛苦或原因	9
2	销售人员假设客户需求	10
3	销售人员假设痛苦	11
4	客户承认需求	12
5	客户承认原因或症状	13
6	客户承认痛苦	14
7	痛苦及原因书面记录呈交客户	16
8	客户同意书面内容或进行修改	20
支持者	**权力评分**	**权力支持者**
0	不知权力支持者是谁	
4	已知权力支持者是谁	
8	了解购买与决策流程	
9	支持者同意引荐权力支持者	
10	权力支持者同意继续探究	
14	权力支持者同意评估计划内容	
16	权力支持者同意提案内容	
20	权力支持者同意购买	
支持者	**构想评分**	**权力支持者**
0	未创造构想（或竞争性构想）	7
1	基于产品创建构想	8
3	基于情境制定差异化构想	10
4	书面记录差异化构想并发给客户	15
6	客户同意差异化构想或修改构想内容	20
支持者	**价值评分**	**权力支持者**
0	未找出构想，或者不是竞争性构想	8
1	客户要的解决方案无法量化	9
2	销售人员识别出价值	10
3	客户陈述价值	12

续表

支持者	价值评分	权力支持者
4	客户进行价值验证	14
5	销售人员进行价值验证	16
6	进行共同价值验证	18
7	客户同意共同价值符合财务标准	20

支持者	控制评分	权力支持者
0	无任何书面记录	
2	发送支持者信函	
4	就支持者信函内容达成一致	
8	发送权力支持者信函和评估计划	
10	客户同意权力支持者信函内容	
14	客户同意评估计划内容或进一步修改评估计划	
16	进行提案前评审	
20	评估计划完成	

在五项要素中，客户有不同程度的承诺。给每项要素中的各个活动或步骤评分，能让你确认各项要素的实际强度，也能帮助你评估还需要多少时间才能结案。

如果你在这五项要素上都分别得到 20 分，则表示销售即将完成，成交在望。销售经理通常很难客观地判定任何一个销售机会的强度。利用销售强度检查表辅助工具就能够帮你克服这一困难。

预测

销售预测是销售经理职责中非常重要的一部分。而执行解决方案销售流程与销售管理系统的主要原因，也是为了准确地做出销售预测。

预测的第一要素是找出预测的销售收入来源，第二要素是必须使用适当的预测方法。

在图 15.2 的预测要素中，可看出两种不同的销售收入来源及三种预测方法。

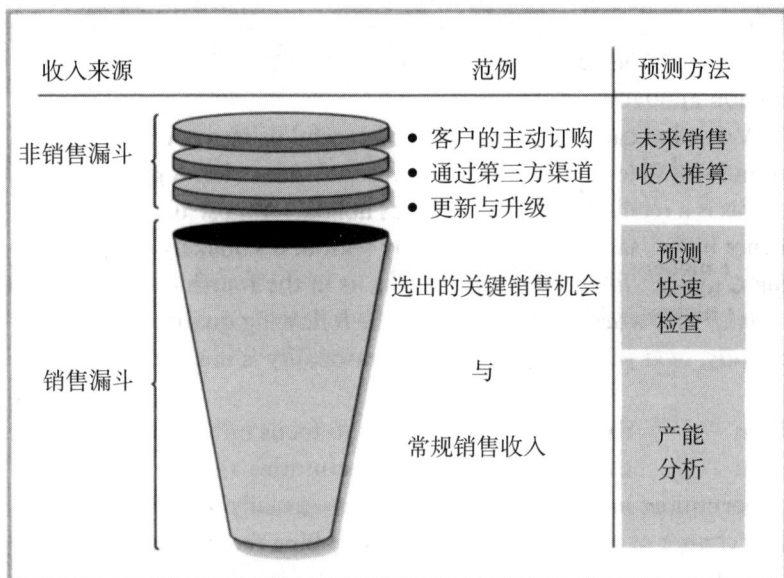

收入来源		范例	预测方法
非销售漏斗		• 客户的主动订购 • 通过第三方渠道 • 更新与升级	未来销售收入推算
销售漏斗		选出的关键销售机会 与 常规销售收入	预测快速检查
			产能分析

图 15.2   预测要素

🔊 销售收入来源

大部分人熟悉的销售收入来源，是销售人员从传统销售漏斗中的销售机会得来的销售收入，包括筛选后的关键销售机会，也就是"必胜"机会，以及常规的销售来源。不过，这并非预测时要考虑的所有销售收入来源。另外，还有非销售漏斗的收入来源，如第三方渠道或客户的主动订购等。

📶 预测方法

图 15.2 显示了三种预测方法：未来销售收入推算（Run Rate）、预测快速检查（Forecast Quick Check）和产能分析（Yield Analysis）。

未来销售收入推算。这是什么意思呢？它是指使用公司或部门以往来自销售漏斗以外的财务业绩或经营收入结果（如年金累计收入），来推算未来销售收入。例如，有些软件公司会拿某一段会计周期的软件执照更新费用，来推算出未来在这方面的所得。他们称之为未来销售收入推算。

因此，有些销售收入来源从来就不会进入销售漏斗中。如图 15.2 所示，包括客户的主动订购、通过第三方渠道、更新与升级，都会贡献在非销售漏斗销售收入里。尽管这些并非公司通过销售流程来管理的销售收入来源，但仍须列入预测之中。所以，我所说的未来销售收入推算，是指那些来自销售漏斗以外的销售收入。

在推算未来销售业绩时，推算是让你用公司或部门历史的销售结果，来推演未来的销售结果。举例来说，若某公司第一季度来自非销售漏斗的销售收入为 1 000 万美元，则销售经理就可以说："根据前一季度的销售表现，我们可以推算出全年来自非销售漏斗的销售机会的销售收入额为 4 000 万美元。"这个假设前提是全年销售业绩表现维持相同水准，总共能获得 4 000 万美元的销售收入。

需要在此提醒你：使用未来销售收入推算要特别小心，因为它会受到部分变量的影响，季节因素便是其一。圣诞假期对零售业的影响就是最佳范例。几乎所有零售业在圣诞季的销售收入都比平常要高。前三季的业绩不大可能高于第四季。这样若未考虑季节因素，而用第四季销售收入来推估下一季度或下一年度的销售收入，就会出现预测高估的现象。

　　预测快速检查。使用预测快速检查方法时，重点会放在关键销售机会上，包括：（1）大规模的销售机会；（2）对业务极为重要的战略性销售机会。后者的成交胜算通常很大。我们特别将成功销售公式（痛苦、权力、构想、价值与控制）和预测快速检查方法结合起来。

　　这种方法使用销售成功公式中的五项要素，制定可衡量的指标，作为预测标准。在这五项要素上，我们使用和销售强度检查表相同的评分标准，以 20 分作为满分。

　　图 15.3 显示了销售预测快速检查展开的方式。使用这个方法可预测某一时期内某个关键销售机会的成功结案概率。

　　如果在预先确定的销售门槛，一个销售机会没有同时具备五项要素，则成功结案的概率就会很低。从财务角度而言，你的预测要涵盖那些符合或超越预测门槛的关键销售机会，至于那些低于门槛的销售机会，就不要列入预测之中。这能让你快速又简单地向所有高层管理者汇报某个关键销售机会的强度与可预测性。因此，预测快速检查方法所分析的是一组简单的变量，可作为销售预测讨论的基础。

　　要注意，进行销售预测时，销售门槛可能很难确定。举例来说，某季度初所做的预测，由于销售门槛变化，可能不同于该季度末最后一周所做的预测。每家公司都必须为自己的预测环境设立一个适当的门槛标准。

　　产能分析。这是指通常的业务，也就是通常的销售漏斗中的销售机会评估。找出销售漏斗中所有销售机会预期销售收入。收益就等于各里程碑节点的预期销售收入乘以该里程碑的胜算概率。

　　这种方法基于解决方案销售里程碑的成功概率。好的销售预测基于准确的里程碑分级，以及准确地确认每个销售机会所属的里程碑等级。

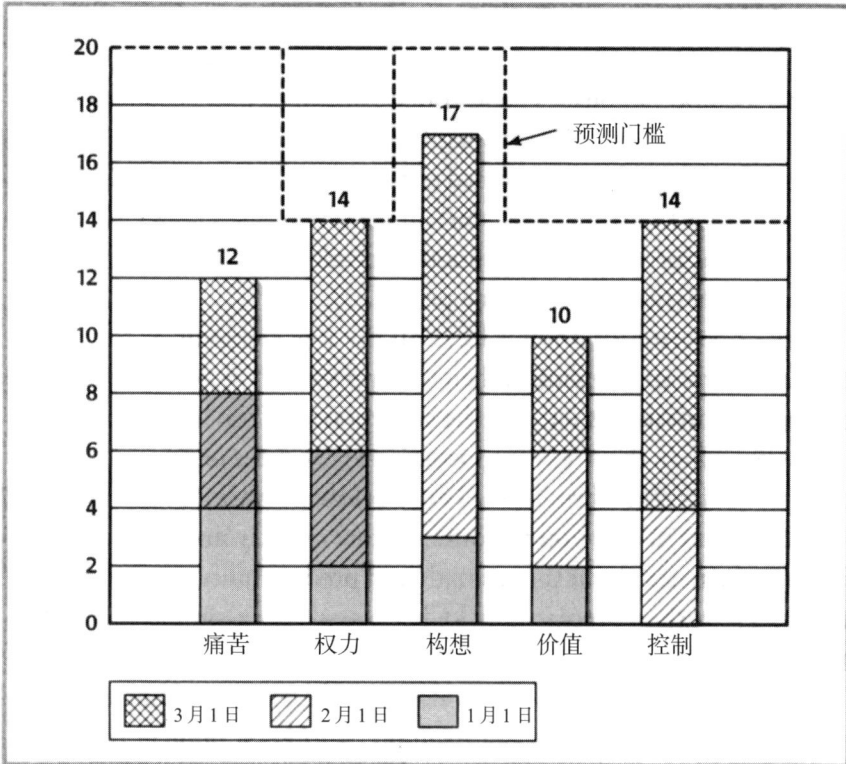

图 15.3　预测快速检查展开的方式

开始使用销售管理系统

　　本章说明了很多理论基础,许多人此时都会问:"我该从何着手去做?"
我们一般认为应该从销售漏斗分析做起,我们也鼓励客户分析他们的销售
漏斗,这似乎很合逻辑,而大多数销售经理也会从此处下手。销售漏斗分
析完毕后,人们就可以开始管理销售漏斗中的销售机会了。这个目标是正
确的,从销售漏斗分析开始,找出有问题的销售机会,同时处理例外销售

案子。听起来很棒，但是我们大多数客户发现他们走错了方向。

以上做法需要一个前提，就是销售漏斗中有正确的且充足的销售机会，而这往往是销售漏斗分析的一种理想的假设。事实上，销售漏斗中的数据质量并不良好，充满缺陷，让假设与事实不符。

我的建议是，在销售管理流程展开之初，先和销售人员一起，帮助他们利用销售漏斗里程碑，为每个销售机会定义里程碑等级。你要努力确保销售信息的准确性。如果能这么做，销售漏斗分析便能有很大改善，因为它是基于客观事实的，而不是个人主观想法。

📶 开始使用销售管理系统的建议

- 请每位销售人员完成销售漏斗里程碑工作表。

- 听取汇报，了解每个关键销售机会中的痛苦、原因、购买构想及下一步骤。

- 要求销售人员将目前手上的销售机会转为 C 级。

- 亲自参与针对关键销售机会的拜访（电话或会面）。

- 在销售人员发出支持者与权力支持者信函前，检查其内容。

- 两周内与每位销售人员安排角色扮演的练习。

- 使用里程碑为所有销售机会分级，了解你的销售漏斗是否健全。

- 提升销售漏斗到能完成销售目标的水平。

大多数销售经理无法执行销售流程与销售管理系统的最大原因是什么？我想起了一个伐木工人砍树的故事：有位伐木工人用一把钝斧头愤怒地砍着一棵树。另一位伐木工人问他：“你为何不把斧头磨锋利一点呢？”这位伐木工人说：“你难道看不出来我正忙着砍树吗？”有很多销售经理都像这名伐木工人一样，因为太过忙碌，而且似乎没遇到什么大问题，所以就无法展开销售流程。

　　如果你身为销售经理，每次都能达成销售收入目标，持续做出准确的销售预测，而且手下销售人员全是销售高手，那么，你可能就不需要做出任何改变。如果你尚不具备以上三项成功的销售管理标准之中的任何一个，不妨试试解决方案销售流程与销售管理系统。

读书笔记

第 16 章

打造并保持高绩效的销售文化

在今天高度竞争的全球化经济环境中，打造并保持业绩导向的销售文化是各家企业成功的关键所在。本章话题重点放在企业管理者如何建立和保持高绩效的销售组织文化上。一种文化的形成并非旦夕之间，它需要时间逐渐演进。销售组织文化也是如此，企业经营者必须清楚，他们所做的一切决策都会影响公司的销售文化。

高绩效销售文化

打造销售文化需要构想与企业高管的领导力两大要素。构想要涵盖四大要素——销售流程、销售管理系统、销售自动化与市场营销，四大要素在任何一种高绩效销售文化（High-Performance Sales Culture，HPSC）中都是一致的（见图 16.1）。

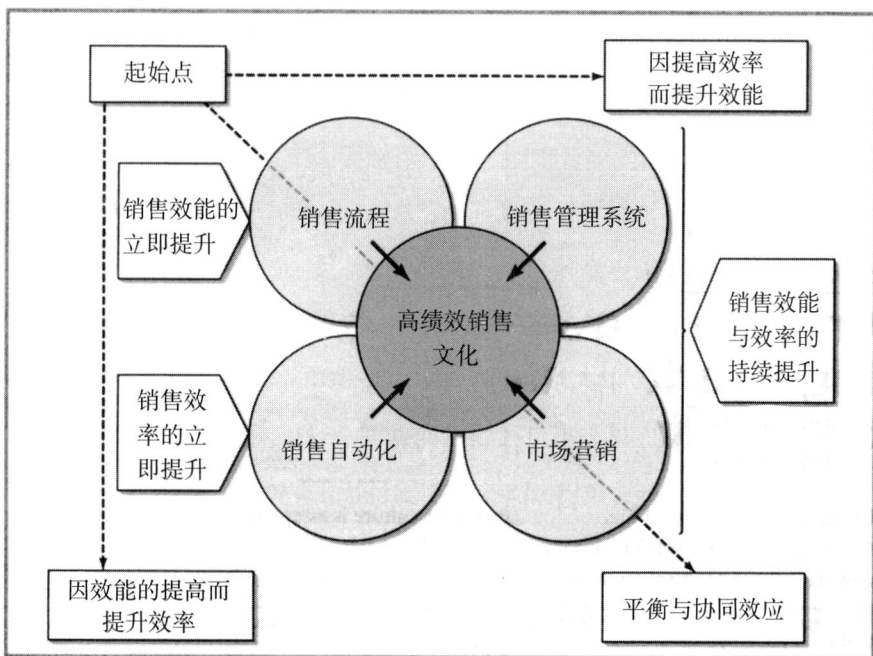

图 16.1　高绩效销售文化

1. 销售流程。销售流程着重于公司自上而下（包括销售总裁、销售经理、销售人员）建立销售最佳实践的共同基础，以此来提升每位销售人员的业绩。最佳实践包括销售具体执行、销售机会规划、客户规划及区域规划。

2. 销售管理系统。销售流程就位后，销售管理系统能为销售经理提供关于关键销售机会与整体销售健康状况的信息，让他们能找出并纠正个人和整体的销售问题（诊断与辅导）。

3. 销售自动化。销售流程与整合的销售管理系统投入使用后，销售自动化能捕捉与记录重要销售信息，从而帮助每位销售人员提升效率。销售自动化确保销售人员、销售经理和销售总裁都可以获取和访问高质量的销售信息。

4. 市场营销。市场营销必须将公司的产品和服务与客户业务问题相结合才有实际效果。将此项要素融入整个销售活动中，确保适当的销售漏斗，并提高销售效能。市场营销可以帮助销售人员成为销售顾问，在销售流程中传送特定产品升级更新信息、广告与促销信息、工作辅助工具（品牌驱动的痛苦链、痛苦表、参考案例、价值主张）。

企业管理者将以上四大要素整合成一套成功的运营流程，并形成他们的高绩效销售组织文化。不过，要如何做到这一点呢？毕竟，你无法一开始就让这四大要素同时准备到位。我刚刚说过，文化需要经历演进的过程，销售文化也是如此。

企业管理者的三大选择

图 16.1 中的高绩效销售文化模式显示，企业管理者有三种选择：（1）提升效率；（2）提升效能；（3）在效率与效能间达成平衡。每种做法都会

产生不同结果，现在逐步解释。

📶 方案一：提升效率

在方案一中，企业管理者把销售自动化（Sales Force Automation，SFA）或客户关系管理（Customer Relationship Management，CRM）作为销售流程的补充，来提升效率。这种方法着重于降低销售业务的成本，是大多数人选择的方法，但也要请你留意，它的成功率通常很低。

其中有几个原因：第一，没有与销售管理系统整合的客户关系管理系统，通常很难融入企业的销售流程；第二，销售流程可能本身就不合适，反而让问题更加复杂；第三，以上两种情况可能同时存在，没有与客户关系管理系统充分结合的错误的销售流程。

📶 方案二：提升效能

选择这项方案的企业管理者会采用一个销售管理系统来促进销售流程。本方案着重于增加销售收入，需要严格执行一段较长的时间才能奏效（如 6 ~ 12 个月，可能需要更长的时间）。

对许多企业而言，方案二比方案一有效，因为企业管理者能够将他们的销售流程（希望是高效率的销售流程）与销售管理整合，并且不会产生自动化带来的成本上升和混乱。

不过，本方案还是有缺点的，它不是一个完整的组合。除非能与客户关系管理系统整合，否则无法及时发现、分析和报告销售漏斗中的销售机会。此外，销售管理报告质量也会因为不完整的或错误的数据而受到影响或延迟。

🌐 方案三：在效率与效能间达成平衡

这是个长期的解决办法，需要花些时间，才能让打造高绩效销售文化所需的四大要素走上轨道。在此方案中，企业管理者选择将销售流程、销售管理系统、销售自动化与市场营销整合起来发展（见图 16.1 中的对角线）。

卓有远见的企业管理者使用这个方案后，常能在效率与效能间达成平衡。这项做法可以同时享受前两个方案所带来的好处，并且需要高绩效销售文化四大要素同时充分发挥其作用。

注意事项。由于每家企业情况不同，因此并没有所谓正确的途径。很明显，第一种方案能降低销售成本（有一定的效能）；第二种方案能增加销售收入（也有一定的效能）；第三种方案则能提供持续的销售组织成长，兼顾效能与效率。

我强烈建议先将重点放在销售流程与销售管理系统上，然后，再执行销售自动化以支持这两个关键流程。不要因为将就某个不灵活的自动化系统，而使开展业务的方式妥协。现在的客户关系管理系统和销售自动化系统已经很灵活了，这是一个好消息。许多套装软件都有定制化的工作流程，能让你将你的销售流程与销售管理系统融入软件系统中。这一点非常重要：自动化软件应该支持销售流程，而不是销售流程配合自动化软件系统。

销售流程的特性

要谨记，合适的销售流程必须具备三大特性：可重复、可预测、收放自如。此外，如果销售流程使用起来简单易用，并能提供销售辅助工具，则销售人员与销售经理就会更愿意使用它。如果销售流程过于复杂，销售人员与销售经理一定不愿使用，这也是某些客户关系管理系统出现很多问题的原因。

可重复是指企业能够持续使用相同流程而达到一致的结果。销售经理应该固定在月底或季度末，来奖励那些持续达成预期目标、对销售收入贡献显著的销售人员。

可预测是指使用里程碑，以帮助经理了解销售人员在特定销售机会的进度及销售漏斗状况。这些知识能回答以下问题："我是否能达成本季度或本年度销售收入目标？""我的销售漏斗是否保持平衡？"

收放自如是很重要的特性，因为销售组织会根据经济周期、产品变化、营销促销与业务规模的改变而采取扩张或收缩的策略。此外，同一个销售流程能够适用于各种规模的企业，从一人公司到跨国集团皆无例外。

📶 传统做法的失败

我一再听到管理人员说："销售真是个谜。为什么不能用其他部门的方式来管理销售部门呢？"我一点都不意外。我告诉他们，销售是可以管理的，秘诀就在于销售流程。他们说："我们试过了。我们让所有销售人员接受培训，然而并没有任何显著的改变。"

我发现，实际情况却是这样：他们办了一场为期一天的销售培训课程，而并没有持续进行。高绩效销售文化做法就大不相同了，相较于销售培训课程，高绩效销售文化是以销售流程作为基础的。

多年来，我不断听到销售经理抱怨传统销售培训的缺点。最近，SPI针对 113 名企业销售总裁进行问卷调查，企图找出并分析他们抱怨的原因。

我们想知道这些销售总裁使用传统培训方法所面临的问题。我们不仅得到热烈地回应，也得到不少深刻的认识，能够使我们知道如何帮助销售总裁建立与维系高绩效销售文化。

打造高绩效销售文化最大的误解之一，就是以为培训是提升销售绩效的最大驱动力。图 16.2 显示，打造高绩效销售文化的最重要因素并非培训课程，而是变革管理。

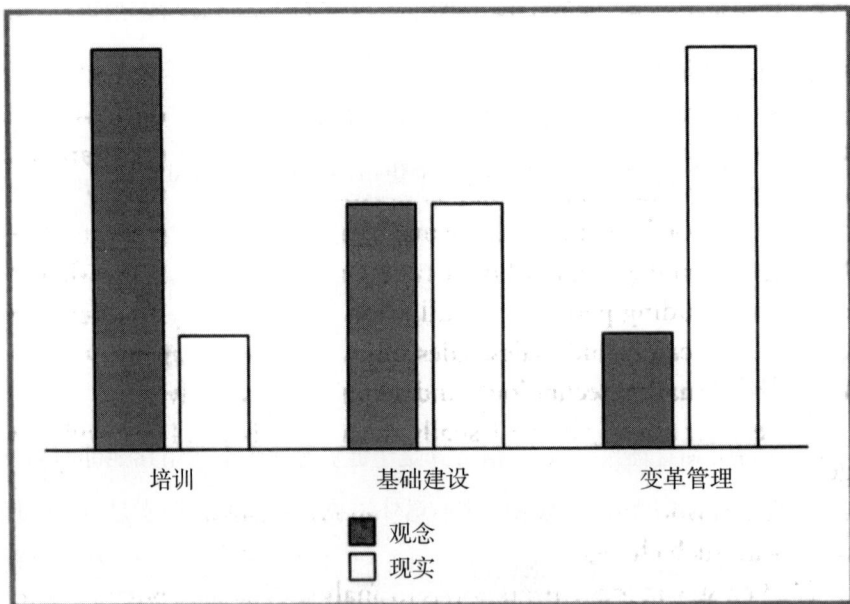

图 16.2　观念与现实

思考变革管理的重要性时，有三个要素能帮助建立高绩效销售文化：设计、培训和执行。

1. **设计**。务必设计出一套量身定做的执行内容，其中要包含高绩效销售文化的所有要素。如果你希望形成高绩效销售文化，则要涵盖四大要素

（销售流程、销售管理系统、销售自动化与市场营销）。

2. 培训。练习、练习、练习，熟能生巧。凡是销售人员、销售经理、销售总裁、市场营销人员及任何有机会和客户进行互动的人员（例如，在高科技行业中，产品与服务技术人员也有必要参与），都应该参加培训。

3. 实施。支持高绩效销售文化的结果，就让公司内所有人都知道高层管理者的期待，并进行有效的考核和执行（别忘了，人们倾向于先做被考核的事项）。

包括新解决方案销售方法在内，有不少完整的销售流程能够帮助你克服传统销售培训的问题，但前提是你要实施一定的改变，并且始终致力于实现结果。

成功实施销售流程

引进销售流程会对公司产生深远的影响。因此，在管理销售流程时，必须将之视为整个企业变革管理的一部分，不能和管理培训课程相提并论（见图 16.3 ）。

你要如何在执行过程中做到变革管理呢？首先，请选出参与此项目的人员。无论来自什么领域，凡是能够帮助图 16.3 中实施销售流程改变的人，都应该列入考虑范围之内。这会包括一线销售人员、销售支持者、销售管理者、市场营销人员、信息技术人员与高层主管等。

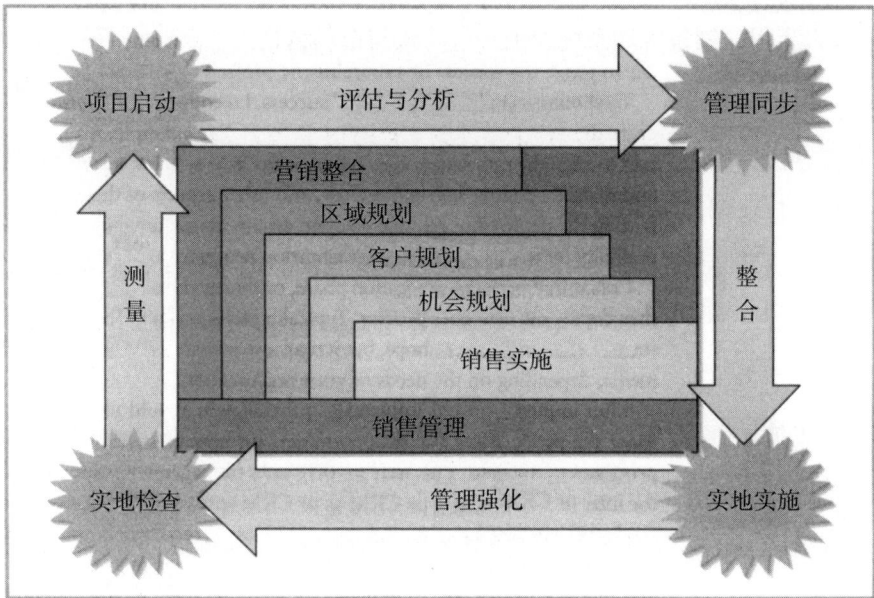

图 16.3　销售流程的实施

　　大家不是都很忙吗？答案永远是肯定的。你要如何让他们放下正在进行的项目，投入新的项目呢？你必须确定项目的优先次序。如果你想要建立高绩效销售文化，就必须专心地进行这项改变。

　　执行的第一步是分析你的销售部门的潜在痛苦。分析工作能够帮助你找出执行销售流程的潜在障碍，并帮助你发现解决的办法。如果你要全面调整销售部门，则你的分析范围将扩大。另外，如果你希望逐渐提升对销售流程的掌控度，则只要简单分析检查销售部门就可以了。

　　分析的结果能让企业管理层做出同步的改变。企业管理者需要了解销售流程改进项目的目标、影响成功的潜在障碍、解决这些障碍的方法和建议、项目执行期间每位经理的角色及采取的行动，最重要的是，高层管理团队用来判定项目成功与否的具体成功标准。

为消除影响成功的潜在障碍，我建议你将新的流程融入现在销售流程之中。举例来说，新流程一定要配合你的客户关系管理系统、评估与奖励系统、招聘实践，以及其他方面。在项目计划和部署阶段，你需要特别设计适合公司的执行计划内容，以确保与企业文化最大限度的契合。

与现有流程整合完毕后，你就得实际部署新的销售流程了。一般来说，你可以通过传统的培训研讨会来完成部署工作，不过，这还要根据公司的需要而定，有时还得包括在线学习系统（E-Learning）或其他学习方式辅助实施工作。

执行新销售流程后，你应该规划如何强化这套流程，最主要的方式是教会销售经理如何保持新销售流程使用通畅。你可以考虑销售管理培训课程，也可以根据需要引入客户关系管理软件系统或自动化软件的介绍。若想进一步增强新销售流程的适用性，我建议在公司内部定期召开实地评估会议。这些会议将帮助销售经理观察与学习有效的辅导行为，让他们能够维护公司的高绩效销售组织文化。

最后，你应该运用当初设定的成功标准，来衡量此项目的影响范围和结果。这能让公司的管理团队确认执行的成功，并做出必要调整。

将高绩效销售文化建设成公司的价值观体系

建立高绩效销售文化不能仅仅依靠销售培训、招聘高薪就能吸引来的销售高手，以及管理销售流程与客户关系管理软件系统工具。发展与建立高绩效销售文化必须使之成为公司所立足的价值观体系的一部分，这套价值观体系是指导决策与行动的重要方针和思想。

企业存在的唯一原因就是客户。因此，客户应该是一切经营的核心焦点。以客户为中心的哲学必须成为你的价值观体系与销售文化的一部分。毕竟，当今大多数企业持续价值的来源，就是吸引与维护忠诚客户的能力。我们建立与维系高绩效销售文化的目的也是一样的。

企业管理者若为短期收益而创立高绩效销售文化，那就会步入歧途。如果你不小心的话，只能创建出如海市蜃楼般的销售文化。很显然，这样的销售文化不会维持多久，因为它缺乏稳定的基础，也没有价值观系统支持。

若想保持高绩效销售文化，则从一开始就需要深厚的价值观基础为依据，不能只求短期的收益。这种情况我看过许多，企业想要改变，于是请来信誓旦旦承诺创造美好未来的空降兵。许多企业管理者为求名利，会尽快实施新的业务模式、完成漂亮的销售业绩，其中充满了高企图的目标与计划。你会听到他们这么说："我们必须抢占市场，我们必须建立一支不容对方说不的销售团队。"

然后，他们重金聘请所谓的销售高手，亲自培训销售高手和其他销售人员，教授他们"如何结案"的销售技巧。他们认为这就是在建立高绩效销售文化。听起来是否很熟悉？这么做的意义何在？如何能建立起文化，建立的又是什么样的文化呢？

请不要受短期思维所误导。要谨记你的客户所在。建立高绩效销售文化不仅仅是本季度的目标，要让它成为公司的核心、价值观体系的一部分。如此一来，你的客户记住的不只是你所提供的产品与服务，也记住了你专业的销售方式。你的公司将能够成功地与其他竞争对手区别开来，这是难以匹敌的长期竞争优势。

建立高绩效销售文化能产生有效且持续的变革效果，最后它能够持续地提升客户满意度、增加销售量、提升企业利润，公司的潜力将不断得到来自客户的肯定。市场上的竞争与压力永远也不会消失，你必须每日力求胜利。若能做出恰当的改变，你便能实现高绩效的梦想。

读书笔记

附录 A

价值验证示例

以下价值验证的例子主体就是本书中的案例公司——TGI 公司。让我们先简短了解一下 TGI 这家公司。

TGI 现状

拥有 20 年历史的 TGI 公司，在全球市场上专门制造与销售教育和娱乐游戏及玩具。近来 TGI 面临整体的利润下滑，这也是该公司的重要业务问题。利润下滑的三大原因是：（1）销售部副总裁无法完成新客户销售收

入目标；（2）坏账增加；（3）运营成本升高。财务部副总裁眼睁睁地看着
利润连续两个季度出现下滑，他也受到很大影响。他需要销售部副总裁尽
快扭转销售上的颓势。

新客户销售收入应该占整体销售额的两成。事实上，他们只能达到目
标的一半。销售部副总裁觉得，公司销售人员花太多时间服务现有客户，
没有时间开发新客户。此外，日益升高的运营成本多半是因为客户服务人
员的增加，他们需要处理越来越多的客户来电。还有，客户积欠的货款也
造成部分坏账增加。以下是价值验证过程不可或缺的要素分析。

价值验证要素

1. 客户业务中，哪些要素会受到影响，而且需要进行评估？

2. 关于影响范围内的改变，应该由谁负责？

3. 可能会产生的影响与价值是多少？时间期限是多长？

4. 将需要哪些能力？

5. 投资何时能得到回报？

1. 客户业务中，哪些要素会受到影响，而且需要进行评估？

- 增加的利润：额外的销售收入。

- 增加的销售收入：来自新客户与现有客户的销售收入。

- 成本降低：来自坏账减少。

- 回避成本：来自每季度增聘一位新客户服务人员的费用。

2．关于影响范围内的改变，应该由谁负责？

- 来自新客户的额外销售收入：销售部副总裁。
- 来自现有客户的额外销售收入：销售部副总裁。
- 降低坏账成本：财务部副总裁。
- 雇用客户服务人员的回避成本：财务部副总裁。

3．可能会产生的影响与价值是多少？时间期限是多长？

价值验证能说明，你的解决方案能为每项要素实现多少可量化的价值。请见表 A.1 中对利益的详细审查。

增加的收入	每位销售人员销售时间增加 5%	400 万美元
	每位销售人员平均开发一位新客户	300 万美元
	定制化促销的宣传	200 万美元
	推荐的客户	200 万美元
减少的成本	坏账减少 50%	40 万美元
回避成本	每季度不再新雇用一名客服人员	13 万美元

以上数据代表了一年的可能价值。

表 A.1 价值验证利益详细列举

价值验证利益详述

客户利益概要

销售收入增加导致利润增加

来自销售时间的增加

200 万美元指标×50 位销售人员×增加 5%的销售时间=500 万美元，客户允诺成交保守估计 400 万美元×边际利润率（32%）=128 万美元　　　　　**128 万美元**

来自新客户

增加 15%的销售时间=至少能再开发一位新客户×平均每位新客户销售收入 7.5 万美元×50 位销售人员=375 万美元，客户允诺成交保守估计 300 万美元×边际利润率（32%）=96 万美元　　　　　**96 万美元**

来自促销效益提升

去年促销销售收入目标为 1000 万美元–实际投资（600 万美元）=400 万美元，其中因 50%客户对促销不知情，所以 200 万美元×边际利润率（32%）=64 万美元　　　　　**64 万美元**

来自客户推介增加

只有 10%的客户被要求介绍生意，推介的生意=100 万美元，客户认为推介率应可再增加一倍，创造出 200 万美元的营业收入×边际利润率（32%）=64 万美元　　　　　**64 万美元**

来自销售收入增加的利润总额　　　　　**352 万美元**

回避成本

不雇用客服人员可节省：

每年增雇 4 名客服人员（每季一名）×平均每位新客服人员的成本（5.2 万美元）=1.3 万美元每季每人（第一季度=1.3 万美元，第二季度=2.6 万美元，第三季度=3.9 万美元，第四季度=5.2 万美元）=13 万美元　　　　　**13 万美元**

坏账减少

去年全年确认坏账=80 万美元，坏账客户很可能二度延迟付款，因此，出货给延迟付款客户的概率=50%。客户表示能够偿付的坏账=40 万美元　　　　　**40 万美元**

资料来源：收入数据来自销售副总裁，成本数据与边际利益率来自财务副总裁。

4．将需要哪些能力？

清楚了解公司的购买构想，看表 A.2 中客户获取这些能力需要的投资。

对史蒂夫·琼斯而言：

- 如果销售人员不再需要处理现有客户补货订单，就能花更多时间开发新客户。
- 如果销售人员不再需要为客户回答常见问题，就能花更多时间开发新客户。
- 如果潜在客户随时知道所有促销方案。
- 如果每位客户都会推介新生意以换得折价优惠。

那么，史蒂夫·琼斯（销售副总裁）就能如愿达成新客户销售收入目标，而且……

对吉姆·史密斯而言：

- 如果史蒂夫·琼斯能达成新客户销售收入目标。
- 如果客户能利用常见问题清单，减少致电客服人员的机会。
- 如果订购过程中，财务部能立即发现延迟付款的客户。

那么，吉姆·史密斯（财务副总裁）便能达成每股收益目标。

对苏珊·布朗而言：

如果吉姆·史密斯（财务副总裁）能达成利润目标。

那么，苏珊·布朗（首席执行官）便有信心能达成股价目标。

表 A.2　价值验证投资详述

客户投资	
一次性投资	
专业实施服务	50 万美元 [1]
（第一季度支付 25 万美元，第二季度支付 25 万美元）	
硬件设备（服务器）	25 万美元 [3]
（第一季度支付 25 万美元）	
软件	12 万美元 [2]
（第一季度支付 12 万美元）	
培训	4.2 万美元 [4]
（第一季度支付 2.1 万美元，第二季度支付 2.1 万美元）	
一次性投资总额	**91.2 万美元**
持续性投资	
网络	8 万美元 [1, 2, 3]
（每季度 2 万美元）	
硬件、软件维护费用、每年 18%	6.666 7 万美元 [1, 2, 3]
（25 万美元+12 万美元×0.18=66 667 美元）	
兼职网络人员	4 万美元 [4]
（每季度 1 万美元）	
持续性投资总额	18.666 7 万美元
第一年投资总额	**109.866 7 万美元**

资料来源：

[1] 本公司企业账面价值与数量折扣

[2] 电子商务软件公司（账面价格）

[3] 硬件公司（账面价格）

[4] 财务副总裁

5. 投资何时能得到回报？

客户是否能看到你的解决方案的价值，要根据该价值产生结果的时间是否能让人接受。举例来说，如果客户发现双方认定的投资回报时间很短，并且足以解决问题，那么客户便能找到一个迫切采取行动的理由。但是如果客户发现价值实现的时间遥遥无期，就可能会感到泄气，因而选择"不做决定"，或将预算另行投资。

由于不再额外招聘客服代表，因而成本降低的好处可在第一季度立刻显现出来。第二、第三季度只会出现部分收益，而由于销售收入会在一年后立刻赶上，所以到了第四季度，所有利益就会完全出现。回报大于投资的损益平衡点，会出现于第四季度初。

所以，投资何时能损益持平，是你和客户必须达成的重要共识。

价值验证

表 A.3 整理出以下三个问题的答案：（1）第一年净收益是多少？（2）客户的投资何时损益持平？（3）客户的投资回报率（ROI）有多少？在本例中，我们并未考虑价值分析等其他因素，如现金流量折现（Discounted Cash Flow）与内部回报率等。案例将重点放在某一时期内利润与投资的比较上。请注意：销售收入与成本利润一直到第四季度才出现最大收益。

表 A.3 价值验证（投资回报率）示例

	第一季度 （美元）	第二季度 （美元）	第三季度 （美元）	第四季度 （美元）
收　益				
利润增加				
销售收入×利润率（32%）	0	293 333	586 667	880 000
成本降低				
警示信用问题（40万美元）	0	33 333	66 667	100 000
回避成本				
使用常见问题清单（13万美元）	13 000	26 000	39 000	52 000
季（收益）总额	13 000	352 666	692 334	1 032 000
（季）累计价值（总额）	13 000	365 666	1 058 000	2 090 000
投　资				
（总）一次性投资	（641 000）	（271 000）	0	0
（总）持续性投资	（96 667）	（30 000）	（30 000）	（30 000）
季（投资）总额	（737 667）	（301 000）	（30 000）	（30 000）
季（累计）投资	（737 667）	（1 038 667）	（1 068 667）	（1 098 667）
净 价 值				
季总额	（724 667）	51 666	662 334	1 002 000
累计总额	（724 667）	（673 001）	（10 667）	（991 333）

注：
　第一年净收入：（第四季度累计价值–第四季度累计投资）≈99.1万美元
　损益平衡点：第四季度初起，回收超越投资
　报酬率（第一年）：（第四季度累计总额/第四季度累计投资）=90.172%

第一年净收入。TGI 第一年累计收入为 210 万美元，扣掉累计投资 110 万美元，得到第一年净收益，大约为 99.1 万美元。年净收入为 99.1 万美元。TGI 在第四季度初就完全回收 110 万美元的投资。

投资回报率。TGI 投资这项解决方案，一年共获得 90.2% 的投资回报率。

实施计划和价值

注意：实施计划为客户提供一个可视化的桥梁，让他们看出如何从现状转变到理想状态。表 A.4 显示的是评估中的售后部分，其中也包括（双方）需要持续衡量的成功标准（见表 A.5）。

表 A.4　实施计划示例

日　　期	事　　项	我方	TGI	付费（万美元）
5/10	启动会议——成功标准定案	×	×	
5/17	着手设计电子商务套装软件升级	×		25
6/7	将客户界面从在线订货系统，转至财务与存货系统	×	×	25
6/12	新系统测试		×	
6/19	和管理团队检查测试结果	×	×	
6/24	现场销售定案/客户切换计划	×	×	
8/1–8/28	现场销售切换：90% 销售人员		×	
10/1–11/10	技术顾问与 TGI 代表教客户如何通过网络订货	×	×	45
12/31 3/31 6/30 9/30	进行客户满意度调查，评估成功标准	×	×	

计划经首席运营官批准（实施负责人）

表 A.5　成功标准示例

	基　线	第一季度	第二季度	第三季度	第四季度
平均每位销售人员每年新开发客户数 [1]	10 个				
每位客户通过网络订货比例 [1]	0				
平均每季来自客户推介生意件数 [1]	7.5 件				
每季坏账额 [2]	20 万美元				
客服代表人数 [2]	18 人				
资料来源： [1] 销售副总裁 [2] 财务副总裁					

附录 B

灵活应用解决方案销售

解决方案销售使用灵活，既可用于复杂、难度大的销售周期，也可处理不太烦琐的短期销售过程。若遇到较短期或较不复杂的销售状况，我通常会问两个问题：解决方案是否适用？如果是，要如何使用？

解决方案的观念与原则之所以能够适用于上述两种状况，是因为它是符合人类天性与购买方式的。不过，销售状况各不相同，并非所有销售都需要销售团队使用同一套解决方案辅助工具与技巧来走完销售流程的每个步骤，这么做未免太不切实际了。

要谨记，解决方案销售方法的基础之一，是让你的销售行动与购买者的心理购买过程保持同步。你可以回头参考第 2 章中的图 2.4。随着时间的推移，客户有不同的关注点需要加以满足。"随时间改变"是个关键词。在不复杂的销售过程中，客户可能在 30 分钟之内就经历了购买全过程，而非 30 天。那些用于复杂销售流程的辅助工具、行动与做法，可能就需要改变、简化，甚至省略（见图 B.1）。

另外，在销售流程中，只需要着重关注与自己工作相关的步骤即可，也就是说，从整个流程步骤中选出几项特定工作来进行。销售人员若只须执行几个步骤，或者面临简单的销售状况，就可以把工作重点放在解决方案销售中的特定步骤上。

面对不太复杂的销售情况时，最重要的是开发客户需求的能力。你可以根据实际情况修改提问方式。流程也可大幅缩小。购买流程（项目管理）的最小形式可能只是一次拜访，便可成交。不过，你还是需要确认你的客户对于结案方式的要求（取得交货说明、清晰的购买订单手续等）。

常遇到小规模销售或过渡型销售（Transactional Sales）的销售人员，适合使用解决方案销售简化版本。此时，使用全部的九格构想创建模型也许太过夸张。影响栏（探索影响）可能完全不需要。因为在简短会话中，确认型问题（尤其是 R3 栏和 I3 栏）可能会变得多余，我不建议使用。

由于我们在构想创建模型中使用了痛苦表，所以，整段对话可能只须使用两栏：诊断原因与构想能力（R1 栏、C1 栏），以及两列：开放型问题与控制型问题（R2 栏、C2 栏），如图 B.2 所示。

客户购买流程					
业务发展策略 确认采取行动	确定 需求	评估可 选方案	选择 方案	解决问题 正式签约	执行与评 估成功

解决方案销售的流程步骤

区域	合格的潜 在客户	合格的 支持者	合格的权 力支持者	决策 定案	等候 结案	成交

销售流程里程碑和可验证结果

| 分派区域 | • 满足市场
标准
• 建立初步
联系
发现潜在
支持者 | • 支持者承认
痛苦
• 支持者同意
继续协商
购买
• 支持者同意
引荐权力支
持者
• 就下一步行
动达成一致 | • 与权力支持
者会面
• 权力支持者
承认痛苦
• 权力支持者
有具有价值
的购买构想
• 就下一步行
动达成一致 | • 评估计划
谈判
• 提案前评审
• 请求业务
• 商讨提案
• 收到口头支
持 | 就合同进
行谈判 | 书面签约 |

工作辅助工具

| | • 关键人物
表
• 痛苦链
• 业务发展
提示卡
• 参考案例
• 价值主张
• 创造焦虑
• 机会评估
• 竞争策略 | • 九格构想
创建模型
• 痛苦表
• 客户拜访
提示卡
• 支持者信
函 | • **九格构想
创建模型**
• **痛苦表**
• 客户拜访
提示卡
• 权力支持
者信函
• 评估计划 | • 步骤完成
信函
• 过渡计划
• 痛苦链
• 价值验证
/分析
• 成功标准
• 提案前审
查 | • 付出/得到
清单
• 谈判工作
表
• 立场 | • 成功标准 |

管理系统

	10%	25%	50%	75%	90%	100%

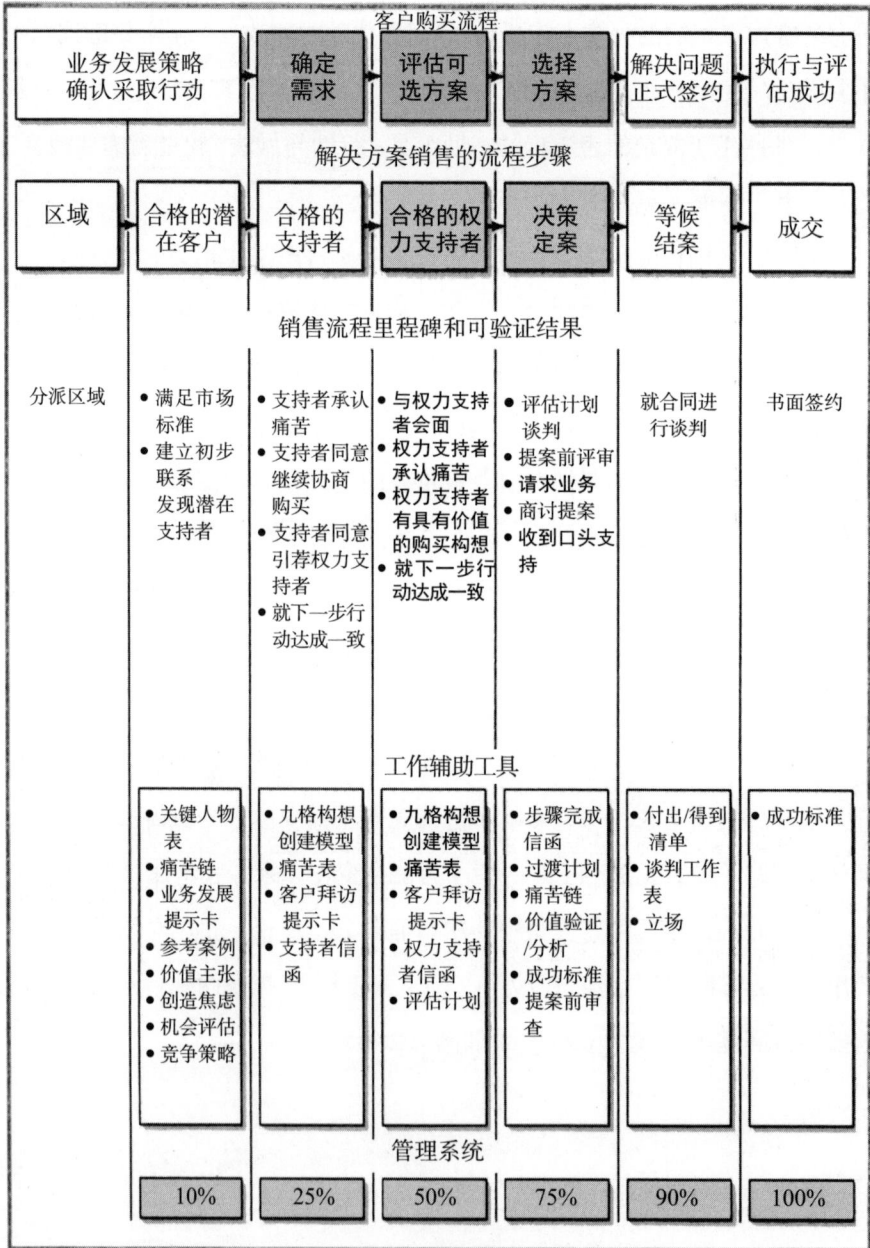

图 B.1   灵活的销售流程

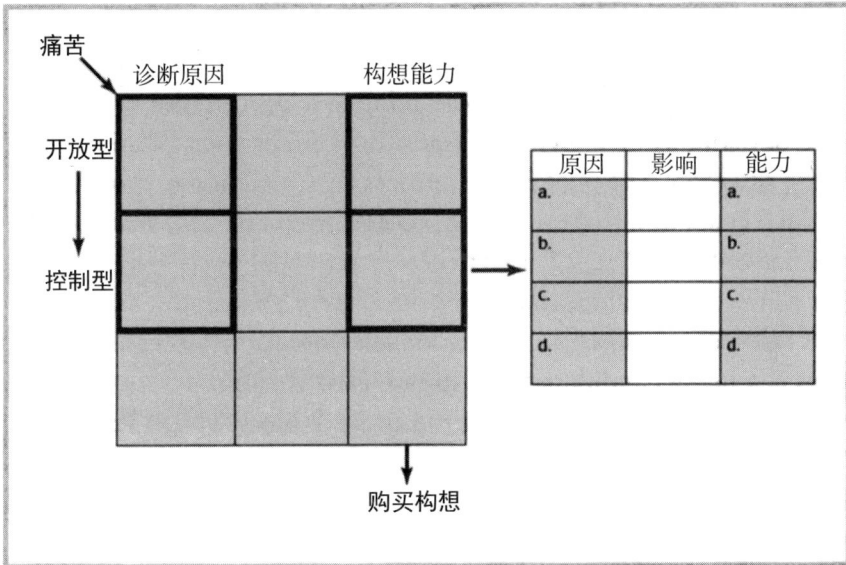

图 B.2　灵活的辅助工具

让我们回想一下，如何将解决方案销售原则应用于过渡销售。按照你的销售复杂程度来调整九格构想创建模型的使用方法。将重点缩小在 R1 栏、R2 栏、C1 栏与 C2 栏。痛苦表就能帮助你在这类销售情况中专注于重点。举例来说，在提问顺序上，可使用痛苦表两栏——诊断原因（R1 栏、R2 栏）与构想能力（C1 栏、C2 栏）。事实上，我建议你在拜访前规划时便准备好两栏痛苦表。这会让销售更为简单。

电话销售

解决方案销售也适用于电话营销。电话营销人员遇到客户来电询问时（潜在客户与现有客户主动来电询问产品信息、条件等），我建议运用相同的原理。同样，使用简化版解决方案销售，根据情况调整销售活动的范围。

了解来电者的当前构想

举例来说，若某位潜在客户来电询问语音信箱产品，则销售人员应该提问开放式能力构想问题（C1栏）："您是如何构想使用语音信箱情况的？"销售人员在滔滔不绝地介绍产品、提出问题之前，请先花点时间了解潜在客户的构想。

还记得先诊断再开方的原则吗？想想这个做法如何能帮助你和竞争对手体现差异化。上述案例中，这名潜在客户可能会回答："我在离开家后，若有人来电想和我讨论子女在外的表现，如足球或童子军活动等，我希望我能得到留言。"

🔊 诊断潜在客户目前的状况

询问诊断型问题成因（R1栏、R2栏），例如："您目前通过什么方式获得留言？"销售人员问这个问题的用意，在于了解潜在客户想要解决什么样的具体问题。对方可能回答："教练或童子军领队必须趁我在家时打电话给我，我上班时就没有办法接到。有时候我的子女先到家，他们接到了电话，却忘记向我转告留言。我有移动电话，但我不想把移动电话号码给每个人。"

就算销售人员未进一步延伸构想，开始谈论他能提供的解决方案，已经能让潜在客户觉得电话销售人员花时间关心自己的问题。这总比直接推销产品要好多了。

📶 延展或重塑客户最初构想

　　销售人员可使用能力或 C2 栏问题，尝试进一步发展潜在客户原有的构想。以能力模式（时间、人物、事件）来提问效果最佳。例如："若当你离开家时，可以把移动电话号码输入家中电话，这样当有人打电话到家里时，就会转接至你的移动电话，对你会不会有所帮助？你就不会漏接任何一个电话。"销售人员只是在销售潜在客户想要的能力。然后，销售人员可以再提出额外特性，电话转接等。这将成为客户最初构想（购买语音信箱）之外的附加能力。

　　你应该看得出来，开发客户需求（制定和重塑构想）是关键所在，有时甚至也是简单的一次拜访、直接结案式销售所需要使用的唯一技巧。这也是销售人员所提出的问题变得如此重要的原因。

后 记

成功由你掌控

你已了解解决方案销售，以及增加销售业绩、建立高绩效销售文化的方式。现在，是否能让个人或企业实现成功，就完全靠你了。要想得到最佳成效，你需要勇气与一些弹性。不过，它的潜在回报绝对使这样的投入物有所值。

我最近和美国银行（Bank of America）前董事长休·麦柯尔（Hugh McColl）共进午餐，我个人认为他是金融服务业最高瞻远瞩的领导者之一。休看出金融业不断在变化，因而全心拥抱改变、发现机会，不像其他同行漠视变化。因此，在他的领导下，美国银行资产增加了 50 倍，高达 6 100 亿美元，遍布全美 21 个州的员工人数也超过 14.2 万人。美国银行迎接改变，而成为全世界最成功的企业典范之一。

想要在事业与生活中实现成功，你就必须冒点风险。若奉行解决方案销售这种销售流程，或是将它引进公司内，会带来变化，也会让你背负一些失败的风险。全球有超过 50 万名销售精英已成功规避这类风险，那就是每天坚持使用解决方案销售方法。现在，你也有机会实施解决方案销售方法，改变自己或公司的销售情况，为客户、个人事业与人生做出贡献。

将解决方案流程引进公司后，要为周遭的抗拒做好心理准备，不要因此感到沮丧。如果我们被反对之声所驾驭，则永远无法成就任何一件事。领导者的任务在于明确构想，让周围的人们了解并遵循。向大家解释采取解决方案销售的价值，做个真正的领导者。事实上，你还可以使用解决方案销售在员工心中创造构想。

我的人生哲学是，只要我能帮助他人做成他们所重视的事情，则我的人生就会无事不成。我还学到，如果想要别人遵从，你就得先关心他们，为他们着想。协助员工应用有效的流程来服务客户、赢得更多生意机会，就是展现你协助他们成功的最佳方式。

此外，采用解决方案销售，实际上能给予人们更多的成功机会，并且能与公司分享这份成就。赢得销售机会能制造乐观气氛，让人们觉得能排除所有障碍，这绝对是无与伦比的。

本书花了极大篇幅谈论恪守解决方案销售原则的好处，但请让我额外补充一条潜在优势。使用这套有效流程赢得更多生意后，你也为客户提供了价值，这就帮助你创造了更大财富，如此一来，为自己、家人、公司每个人都争取到更多利益。

　　我在本书介绍过如何建立与维护以客户为中心的高绩效销售文化，在今天的商业环境中，这是成功关键。不过，就像我之前所说的，要不要实现成功，还取决于你。

　　祝你拥有实行解决方案销售方法的勇气，并乐观地享受成功为你及周围的人们所带来的自由。

反侵权盗版声明

　　电子工业出版社依法对本作品享有专有出版权。任何未经权利人书面许可，复制、销售或通过信息网络传播本作品的行为；歪曲、篡改、剽窃本作品的行为，均违反《中华人民共和国著作权法》，其行为人应承担相应的民事责任和行政责任，构成犯罪的，将被依法追究刑事责任。

　　为了维护市场秩序，保护权利人的合法权益，我社将依法查处和打击侵权盗版的单位和个人。欢迎社会各界人士积极举报侵权盗版行为，本社将奖励举报有功人员，并保证举报人的信息不被泄露。

举报电话：（010）88254396；（010）88258888

传　　真：（010）88254397

E-mail：　dbqq@phei.com.cn

通信地址：北京市万寿路 173 信箱

　　　　　电子工业出版社总编办公室

邮　　编：100036